HEYNE

Thomas Gordon
mit Noel Burch

Die neue
Beziehungskonferenz

Effektive Konfliktbewältigung
in Familie und Beruf

Aus dem Amerikanischen
von Hainer Kober

WILHELM HEYNE VERLAG
MÜNCHEN

HEYNE SACHBUCH
19/836

Titel der amerikanischen Originalausgabe:
GOOD RELATIONSHIPS.
What Makes Them, What Breaks Them.
Erschienen 2001 bei Gordon Training International, USA

Umwelthinweis:
Dieses Buch wurde auf chlor- und säurefreiem Papier gedruckt.

3. Auflage

Lektorat: Theresa Stöhr
Deutsche Erstausgabe 12/2002
Copyright © 2001 by Dr. Thomas Gordon
Copyright © 2002 der deutschsprachigen Ausgabe by
Ullstein Heyne List GmbH & Co. KG, München
Der Wilhelm Heyne Verlag ist ein Verlag der
Ullstein Heyne List GmbH & Co. KG.
http://www.heyne.de
Printed in Germany 2003
Umschlagkonzept und -gestaltung: Hauptmann und Kampa
Werbeagentur, München – Zürich
Herstellung: Udo Brenner
Satz: Gramma GmbH, Germering
Druck und Verarbeitung: Ebner & Spiegel, Ulm

ISBN 3-453-86130-2

Inhalt

Vorwort 9
Das Beziehungs-Credo 12

KAPITEL EINS
Gute und schlechte Beziehungen 15
Macht und Autorität 19

KAPITEL ZWEI
Beziehungsprobleme 27
Männer und Frauen 28
Eltern und Kinder 32
Die Kinder 35

KAPITEL DREI
Vorbeugende Maßnahmen 38
Meine eigene Hinwendung
    zur Vorbeugung 41
Vorsicht ist besser 45

KAPITEL VIER
Beziehungshierarchie 48

KAPITEL FÜNF
Wer besitzt Beziehungsprobleme? 53
Die bewegliche Linie 57

KAPITEL SECHS

Zuhören als Beziehungswerkzeug 61

Feedback, das nicht funktioniert 67

Die Retter-Falle vermeiden 74

Noch ein Blick auf den Problembesitz 76

KAPITEL SIEBEN

Gedanken zum Aktiven Zuhören 79

Fehler beim Zuhören 82

KAPITEL ACHT

Die Sprache der Wahrheit 94

Konfrontation 97

Ein Pronomenwechsel 98

Bleiben Sie aktuell 101

Verhalten 102

Ärger 103

Falsche Botschaften 105

Mit Widerstand umgehen 106

Lob 110

Vorbeugende Botschaften 111

Erstaunliche Belohnungen 113

KAPITEL NEUN

Konflikte lösen 116

Dewey-Methode 118

Keiner-verliert-Methode 119

KAPITEL ZEHN

Was ist mit Werten? 130

Der Raucher 132

Beratung 135

Modellverhalten 138
Das Werte-Fenster 142

KAPITEL ELF
Gründe für Optimismus 146
Lehrerausbildung 148
Wirtschaft 148
Die Ausbreitung der Demokratie 153

KAPITEL ZWÖLF
Fragen und Antworten 162

Nachtrag 186
Literatur 189

Vorwort

An wen oder was denken Sie, wenn Sie *Beziehung* sagen?

Wenn Sie wie die meisten Menschen sind, denken Sie an einen Partner, Ehemann/Ehefrau, einen Menschen, zu dem Sie eine enge liebevolle Beziehung unterhalten. Sie denken an die wichtigste Beziehung in Ihrem Leben. Und so soll es auch sein. Aber vergessen Sie nicht, neben den primären Menschen gibt es noch viele andere, die sich nachdrücklich auf Ihr Leben auswirken – sowohl positiv als auch negativ.

Dieses Buch soll Ihnen zeigen, was Sie tun können, um all diese Beziehungen zu verbessern, Ihren Einfluss zu vergrößern, Missverständnisse zu klären, die Bereitschaft zur Kooperation zu wecken und beschädigte Beziehungen wiederherzustellen.

Auf der folgenden Seite finden Sie eine Zeichnung, mit deren Hilfe Sie Ihre Beziehungen auflisten können, um eine Vorstellung davon zu bekommen, um welche Beziehungen es sich dabei handelt, wie viele es sind und vielleicht auch, in welchem Maße sie Ihr Leben und Ihre Arbeit beeinflussen. Tragen Sie Ihren Namen in den mittleren Kreis ein und dann die Namen anderer Menschen in die Felder drum herum. Sie können die Namen notieren oder, wenn Sie möchten, auch Kategorien wie Freunde, Kollegen oder Kinder verwenden. Selbstverständlich dürfen Sie auch mehr Kreise zeichnen als die zwölf vorhandenen. Falls Sie nicht in das Buch hineinschreiben möchten, nehmen Sie ein leeres Blatt Papier, fertigen Sie eine einfache Kopie der Zeichnung an und führen Sie die Übung darauf aus. Zeichnen Sie Ihr Beziehungsgeflecht darauf ein.

Nach dieser Übung waren viele Menschen überrascht von der Anzahl und Komplexität ihrer Beziehungen. Das ist der Zweck dieser Aufgabe – Ihnen dabei zu helfen, Ihre Beziehungen zu beurteilen, und, sollten Sie es noch nicht wissen, zu entdecken, zu wie vielen Menschen Sie regelmäßige Beziehungen unterhalten und wie vielfältig diese sind.

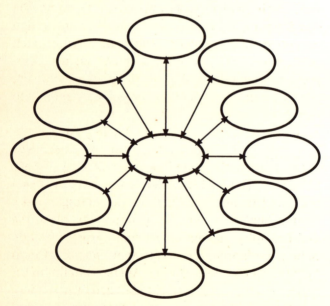

- Wenn Sie die Felder im Beziehungsrad ausgefüllt haben, markieren Sie alle, die beunruhigend oder schwierig sind, also alle, von denen Sie meinen, dass sie besser werden müssten.

Im Gegensatz zu vielen anderen ist das vorliegende Buch kein »Kochbuch« voller Rezepte, die Lösungen für bestimmte Probleme liefern. Ich weiß nicht, was die besten Lösungen für Ihre Probleme sind, und ich glaube auch nicht, dass es irgendjemand anderer weiß, aber ich kann Ihnen eine Reihe von Fertigkeiten und einige Prozesse vorstellen, mit deren Hilfe Sie Ihre eigenen Lösungen entwickeln können. Und da Ihre Probleme aller Wahrscheinlichkeit nicht einzigartig sind, werden es wohl auch nicht Ihre Lösungen sein. Wenn Sie die Handhabung der Werkzeuge in diesem Buch lernen und üben, kann Ihnen der Schritt von dem Wunsch nach guten Beziehungen zur Freude an *Qualitäts*-Beziehungen gelingen, an Beziehungen jener Art, wie sie im unten stehenden Beziehungs-Credo zum Ausdruck kommen.

Vor vielen Jahren baten mich einige Menschen, die an meinem Effektivitätstraining für Eltern teilnahmen, um eine kurze Zusammenfassung meiner Beziehungsphilosophie. Ich kam ihrem Wunsch nach und nannte das Ergebnis Beziehungs-Credo. Seither bekommt jeder Teilnehmer unserer Kurse ein Exemplar davon. Zu meiner großen Freude habe ich erfahren, dass viele Menschen das Credo bei feierlichen und wichtigen Anlässen in ihrem Leben, vor allem bei Eheschließungen, verwenden, wie es zum Beispiel meine Tochter Judy tat, und mit Stolz erfüllt mich auch die Tatsache, dass viele Menschen, die leitende Stellungen in der Wirtschaft, im Erziehungswesen und sogar in der Politik bekleiden, es gerahmt in ihren Büros aufgehängt haben.

Das Credo ist wohl der eigentliche Gegenstand dieses Buches und Teil meiner Überzeugung, dass Menschen, die danach leben, glücklicher und gesünder sind und daher länger leben, als unter anderen Umständen.

Das Beziehungs-Credo

Du und ich stehen in einer Beziehung zueinander, an der mir liegt und die ich beibehalten möchte. Trotzdem ist jeder von uns ein Einzelwesen mit eigenen Bedürfnissen und dem Recht, sie zu befriedigen.

Wenn du Probleme hast, werde ich mit aufrichtiger Akzeptanz zuhören, um dir zu helfen, eigene Lösungen zu finden. Dein Recht, dich für eigene Überzeugungen zu entscheiden, so verschieden sie auch von den meinen sein mögen, werde ich respektieren.

Wenn dein Verhalten meine Bedürfnisse beeinträchtigt, werde ich dir offen und ehrlich sagen, was mich stört, im Vertrauen darauf, dass du versuchen wirst, das Verhalten zu verändern, das ich nicht akzeptabel finde. Falls ich mich nicht akzeptabel verhalte, erwarte ich umgekehrt von dir, dass du mir offen und ehrlich sagst, was dich stört, sodass ich die Möglichkeit habe, mein Verhalten zu ändern.

Wenn wir Konflikte haben, wollen wir uns verpflichten, jeden von ihnen so zu lösen, dass keiner versucht, auf Kosten des anderen zu gewinnen. Ich achte dein Recht, deine Bedürfnisse zu befriedigen, aber genauso muss ich meine eigenen Bedürfnisse beachten. Lass uns also immer nach Lösungen suchen, die für uns beide akzeptabel sind. Deine Bedürfnisse werden befriedigt werden und meine auch. Keiner wird verlieren. Beide werden gewinnen.

So können wir eine gesunde Beziehung führen, in der jeder von uns werden kann, was seinen Fähigkeiten entspricht. Und wir können unsere Beziehung in Frieden, gegenseitiger Achtung und Liebe fortsetzen.

KAPITEL EINS

Gute und schlechte Beziehungen

Ich habe es so oft und in so vielen Variationen gehört, dass ich denke, dies ist wohl die Art und Weise, wie Menschen über Beziehungen denken. Sie sagen: »Ich habe eine neue Beziehung«, »Die Beziehung habe ich hinter mir«, »Das ist das Ende dieser Beziehung« oder »Alle meine Beziehungen beginnen schön und enden schlecht«. Und jeder, denke ich, weiß, was damit gemeint ist. Es *wirkt* so, hat den *Anschein*, als hätten Beziehungen eindeutige Anfänge und Enden, doch vielleicht ist das gar nicht der Fall.

Ein anderer Ansatz zum Verständnis von Beziehungen ist die Auffassung, dass wir alle in Beziehung zueinander stehen. Sobald wir uns diese Überzeugung zu Eigen gemacht haben, können wir die Formen verändern, die unsere Beziehungen annehmen. Unser ganzes Leben lang unterhalten wir Beziehungen zu Menschen, einige enger, etwa zu Angehörigen und Freunden, andere distanzierter, wie zu Mitarbeitern, Lehrern, Geistlichen, Trainern und ähnlichen Personen, und mit wieder anderen kommen wir zusammen und unterhalten uns, ohne sie wirklich zu kennen. Wir können Menschen nahe an uns heranlassen oder auf Distanz halten, doch egal, wie wir uns entscheiden, wir haben eine Beziehung zu ihnen. Beredter, als ich es kann, haben Dichter, Philosophen und Theologen dargelegt, in welcher Weise wir mit anderen Menschen verbunden sind und was sich daraus für Chancen und Verpflichtungen ergeben. Wenn wir wirklich unser Leben zum Besseren verändern wollen, und, so möchte ich hinzufügen, wenn wir wirklich gesünder und glücklicher werden wollen, müssen wir die Qualität unserer Beziehungen verbessern. Das ist eine Verpflichtung. Falls Verpflichtung schwer und schuldbeladen klingt, so liegt das nicht in meiner Absicht. Ich meine vielmehr, dass es für jeden von uns eine Chance ist, seine Beziehungen zu verbessern, Veränderungen vorzunehmen, die Bedeutung für ihn haben.

Dr. Rob Koegel, Professor an der State University of New York in Famingdale, legte Studenten einen Fragebogen vor, in dem sie über ihre besten und schlechtesten Beziehungen Auskunft geben sollten. Einige der Fragen betrafen die Beziehungen der Studenten zu Menschen von mehr oder weniger gleichem Status – wie Freunden, Partnern, Geschwistern und so fort. In anderen Fragen ging es um das Verhältnis zu Menschen mit höherem Status, um Vorgesetzte, Lehrer, Professoren, Eltern und so weiter. Die Studenten sollten diese Beziehungen beschreiben und bewerten. Die Ergebnisse waren aufschlussreich.

Die Beziehungen, die die Studenten mit dem Etikett »am schlechtesten« versahen, beschrieben sie als manipulativ, dominant, ungerecht und ungleich. Nach Auskunft der Studenten sehen manipulative, dominante Menschen Unterschiede unter der Perspektive von entweder/oder, gut oder schlecht, richtig oder falsch, besser oder schlechter, wobei ihre eigene Position jeweils die richtige ist. Die selbstgerechte Haltung dominanter Persönlichkeiten oder »Dominatoren«, wie wir sie nennen, führte bei den Befragten in der Regel zu einem Gefühl von Inkompetenz und Unzulänglichkeit. Wer seinen Status benutzt, um zu gewinnen und auf Kosten anderer zu bekommen, wonach ihn verlangt, der ruft bei den Verlierern das Empfinden von Unsicherheit und Scham hervor, der zerstört das Vertrauen, das sie in sich und andere haben. Die Studenten verwendeten Formulierungen wie »einseitig«, »ausgenutzt« oder »unterdrückt«, um zu beschreiben, wie sie diese verletzenden Beziehungen erlebten.

Alle Studenten der Studie waren sich einig, dass ungleiche Beziehungen immer ungerecht sind. Deren Dynamik beschrieben sie durch das Gegensatzpaar »gewinnen/verlieren« und sagten, Dominatoren gewinnen, weil sie ihre persönliche und institutionelle Macht missbrauchen, die sie als Eltern, Lehrer, Vorgesetzte und in ähnlichen Funktionen haben. Die Menschen auf der Verliererseite sind gezwungen, einseitige Beziehungen wie diese zu akzeptieren, weil sie weniger Status und Macht besitzen und weil sie abhängig und auf andere angewiesen sind.

Andererseits nannten die Studenten Achtung, Fürsorge, Vertrauen, Ehrlichkeit, Hilfsbereitschaft und gute Kommunikation als Merkmale ihrer besten Beziehungen und erklärten weiter, in diesen Be-

17

ziehungen würden sich die Beteiligten um Empathie, Mitgefühl, Verständnis und Achtung vor Unterschieden bemühen. Wenn andere diese Eigenschaften an den Tag legten, empfanden die Studenten die Beziehungen unabhängig von allen Statusunterschieden als gut.

Dr. Koegels Studenten sagten, in ihren besten Beziehungen gewönnen sie Zufriedenheit, Auftrieb und das Gefühl, glücklicher, stärker und vollkommener zu sein. Koegels Zusammenfassung lautete: »*Unsere besten Beziehungen geben uns das Empfinden, anerkannt, geschätzt und etwas wert zu sein. Wir haben das Gefühl, anderen näher zu kommen und ihnen vertrauen zu können. Anders als die meisten anderen Beziehungen stärkt, stützt und beflügelt dieses gegenseitige Verhältnis beide Seiten.*«

Koegels Befragung hat etwas gezeigt, das wir meines Erachtens nach alle aus eigener Erfahrung kennen: Das größte Hindernis für eine gesunde, glückliche Beziehung ist ein Machtgefälle zwischen Partnern oder Gruppen. Wenn eine Person (oder Gruppe) eine andere zwingen kann, etwas zu tun, was sie nicht tun möchte, ist die Beziehung in Gefahr. Ungerechte Beziehungen wie diese haben Dr. Koegels Befragte mit dem Gegensatzpaar »gewinnen/verlieren« beschrieben und übereinstimmend erklärt, wenn sie verlören, fühlten sie sich ohnmächtig, ausgenutzt und unterdrückt.

Für das Verständnis interpersonaler oder zwischenmenschlicher Beziehungen ist es unerlässlich zu untersuchen, was die Begriffe Macht und

18

Autorität bedeuten und wie sie erworben werden.

Macht und Autorität

Zunächst einmal gibt es mehrere Arten von *Autorität*. Die eine Art geht mit Wissen und Kenntnissen einher und erfreut sich großer Wertschätzung. Wenn Sie zum Beispiel Probleme mit Ihrem Auto haben, möchten Sie sicherlich, dass es von einem kundigen Automechaniker, einer Autorität in diesem Bereich, repariert wird. Von Ihrem Arzt erwarten Sie, dass er eine Autorität auf dem Gebiet von Krankheiten und Heilkunde ist. Bei den Lehrer und Trainern Ihres Kindes setzen Sie voraus, dass sie Autoritäten in Sachen Erziehung und Sport sind. Wir sagen Sätze wie »Er ist eine Autorität in Wirtschaftsfragen« oder »Sie äußert sich mit großer Autorität«. Menschen mit dieser Art von Autorität, die aus Kenntnissen, Erfahrungen, der Ausbildung, Klugheit und Bildung erwächst, sind gefragt und oft hoch bezahlt. Dies ist eine Art von Autorität, die fast nie Beziehungsprobleme hervorruft.

Dann gibt es eine andere Art von Autorität, die mit der Stellung eines Menschen und/oder einer beiderseitig akzeptierten Arbeitsplatzbeschreibung verknüpft ist. Beispielsweise hat die Polizei die Berechtigung, Strafzettel auszustellen, Ausschussvorsitzende dürfen Sitzungen eröffnen und beenden, Richter in Rechtsfragen entscheiden,

Chefredakteure Aufgaben erteilen und so fort. Auch berufsbezogene Autorität schafft selten Schwierigkeiten in Beziehungen, wenn die beruflichen Funktionen als legitim anerkannt werden und nicht strittig sind.

Eine dritte Art von Autorität hat mit Verträgen und Vereinbarungen zu tun, die von der Unterzeichnung offizieller internationaler Verträge bis zum einfachen Handschlag reichen. Manche Anwälte spezialisieren sich auf Vertragsrecht und besitzen eine besondere Fertigkeit, Dokumente so aufzusetzen, dass alle Klauseln und Bedingungen klar und eindeutig sind. Doch die meisten Vereinbarungen brauchen keine formellen Verträge. Beispielsweise lösen Kinder ihre Konflikte häufig mit Vereinbarungen wie: »Ich helfe dir jetzt bei deinen Hausaufgaben, wenn du nachher mit mir Basketball spielst. Einverstanden? Schlag ein!« Lehrer treffen Vereinbarungen mit Schülern, Vorgesetzte mit Mitarbeitern, Männer mit ihren Frauen, Eltern mit Kindern, Freunde mit Freunden. Diese Verträge und Vereinbarungen verhindern, dass die Beteiligten immer wieder die gleichen Probleme diskutieren und lösen müssen.

Beziehungsprobleme werden durch diejenige Art von Autorität verursacht, die sich auf Macht gründet. Es ist jene Art von Autorität, die ihre Inhaber in die Lage versetzt, andere zu kontrollieren, zu dominieren, zu nötigen und sie zu zwingen, Dinge zu tun, die sie nicht tun möchten. Wenn Sie beim Militär gewesen sind, haben Sie diese auf Macht gegründete Autorität hautnah erlebt. Doch auch wenn Sie kein Soldat waren, dürften Sie *trotzdem* oft genug an Machtspielen beteiligt gewesen sein, die andere auf Ihre Kosten gewonnen haben.

Soldaten müssen Befehlen gehorchen, auch wenn sie nicht mit ihnen einverstanden sind. Ohne diese Form bedingungslosen Gehorsams würden die Streitkräfte nicht funktionieren. Doch das gilt für keine andere Organisation. Ehen, Familien, Schulen und Wirtschaftsunternehmen haben die Wahl, und diese Wahlmöglichkeiten geben uns die Hoffnung auf bessere Beziehungen.

Oft hat man mich nach dem Ursprung der Macht gefragt. Woher kommt sie? Gelegentlich hoffen die Menschen, die diese Frage stellen, es gäbe irgendeine bislang unbekannte oder verborgene Machtquelle, mit deren Hilfe sie stets verlorene Kämpfe endlich gewinnen könnten. Doch der Glaube an eine geheime Machtquelle ist wie Ponce de Leons Glaube an den Jungbrunnen. Beide existieren nicht.

Deshalb sage ich Ihnen: Macht kommt von der Fähigkeit, zu belohnen und/oder zu bestrafen. Anders ausgedrückt: Macht ist die Fähigkeit, Schmerz oder Lust auszuteilen. Wer Macht ausübt, manipuliert Belohnungen und Strafen, um zu bekommen, was er habe möchte. Ist die Strafe schlimm oder die Belohnung verlockend genug, gelingt ihm das auch.

Doch diese Durchsetzung der eigenen Interessen hat ihren Preis. Die Menschen, die in die passive Rolle gedrängt werden, geben sich nicht damit zufrieden, sich lediglich zu beklagen. Um ihre persönliche Integrität aufrechtzuerhalten, entwickeln sie Methoden für den Umgang mit dem Zwang, Dinge zu tun, die sie nicht tun möchten. Diese Verhaltensweisen bezeichnet man als Bewältigungsmechanismen und teilt sie in drei Kategorien ein: Kampf, Flucht und Unterwerfung. Kämpfer bewältigen die Situation durch Auflehnung, Widerstand, Herausforderung und Vergeltung. Menschen, die die Flucht als Bewältigungsstil benutzen, versuchen zu entkommen, physisch und/oder emotional. Sie ziehen sich zurück, laufen davon, hängen Tagträumen nach, fantasieren, greifen zu Alkohol und anderen Drogen und werden krank.

Die Menschen, die sich unterwerfen, sind häufig die beliebtesten Kinder, Schüler, Mitarbeiter und so fort, aber möglicherweise auch diejenigen, deren Gesundheit den größten Schaden nimmt. Gehorsam zu sein, »Autoritäten zu achten« und Befehle zu befolgen, besonders wenn die Befehle mit wichtigen Bedürfnissen kollidieren, das ist ein Mechanismus, der in der Kindheit gelernt und eingeübt und von vielen Menschen im späteren Leben beibehalten wird. Doch Unterwerfung wirkt sich höchst nachteilig auf Selbstbehauptung, Unabhängigkeit und die allgemeine Fähigkeit zur persönlichen Entfaltung aus. Wer Unterwerfung als seinen Bewältigungsmechanismus gewählt hat, ist in der Regel passiv, ohne Initiative und abhängig, was ihn im Berufsleben beeinträchtigt und zu einem schwierigen Partner in *jeder* Beziehung macht, weil er

22

dazu neigt, nach außen hin freundlich und nachgiebig zu sein, sich unterschwellig aber wütend und feindselig zu verhalten.

Um eine Vorstellung von Ihrem Bewältigungsstil zu bekommen, möchte ich Ihnen vorschlagen, sich der Macht-Erinnerungsübung zu unterziehen, die die Leiter in unserer Organisation in hunderten von Kursen mit tausenden von Teilnehmern erfolgreich durchgeführt haben. Nehmen Sie ein Blatt Papier und zeichnen Sie vier senkrechte Spalten ein. Über die linke Spalte schreiben Sie: *Was ich tun musste.* Über die nächste Spalte kommt der Satz *Wer veranlasste mich, es zu tun?* Über der dritten Spalte notieren Sie: *Was ich getan habe* (z.B. nachgegeben) und die vierte Spalte schließlich bekommt die Überschrift *Wie ich mich gefühlt und was ich dann getan habe.*

Denken Sie jetzt zurück an die Zeit, als Sie in die Grundschule gingen und jemand Sie zwang, etwas zu tun, was Sie nicht wollten. Wer war es? Was haben Sie getan? Wie haben Sie sich gefühlt und was haben Sie anschließend getan?

Wiederholen Sie diese Erinnerungsübung für eine Zeitspanne, in der sie älter waren, vielleicht aufs Gymnasium gingen. Und schließlich für einen weiteren Lebensabschnitt, der noch nicht so lange zurückliegt.

In der Regel entdecken die Menschen, dass die Ausübung von Macht das Problem verändert. In einem unserer Seminare erinnerte sich ein Highschool-Direktor aus Florida daran, dass er in der fünften Klasse aus dem Raum geschickt worden war, weil er ein Papierflugzeug hatte segeln lassen. Er fühlte sich gedemütigt und schlich sich deshalb auf den Parkplatz, wo er einem Lehrer die Luft aus den Autoreifen ließ. In diesem Fall hatte sich das Problem von der Störung des Unterrichts zum Vandalismus verlagert.

Traf das auch auf Sie zu? Was für Bewältigungsstrategien hatten Sie? Die vielen tausend Menschen, die sich dieser Übung unterzogen, haben nahezu identische Listen aufgestellt. Schauen Sie, ob Ihre Strategien irgendwo auf der Liste stehen.

- Sich auflehnen, ungehorsam sein
- Vergeltung üben, sich wehren, streiten
- lügen, die Wahrheit verbergen
- wütend werden, Wutanfälle haben
- Regeln verletzen
- andern die Schuld geben, Klatsch verbreiten
- kommandieren, Kontra geben
- sich mit anderen verbünden, Koalitionen bilden
- gut Wetter machen, sich einschmeicheln, Anerkennung suchen
- sich zurückziehen, fantasieren
- weglaufen, Stellungen oder Aufgaben kündigen
- aufgeben, sich mit der Niederlage abfinden
- ignorieren, mit Stillschweigen übergehen
- konkurrieren, gewinnen wollen
- sich hoffnungslos, niedergeschlagen fühlen, weinen
- ängstlich und schüchtern werden
- krank werden

- zu viel essen, dann Abführmittel nehmen oder hungern
- sich unterwerfen, sich fügen, sich anpassen
- trinken, Drogen nehmen
- betrügen, plagiieren.

Dass als eine Reaktion auf ungehemmte Machtausübung der eine oder andere Bewältigungsmechanismus gewählt wird, ist absolut vorhersagbar und sogar unausweichlich. So gesehen, sind sie schwer wiegende Argumente gegen die Ausübung dieser Art von Macht/Autorität, da sie den Opfern der Macht, den Beziehungen und sogar den Inhabern der Macht erheblichen Schaden zufügen. Der englische Historiker Lord John Acton brachte es auf den Punkt, als er schrieb: »Macht korrumpiert und absolute Macht korrumpiert absolut.« Auch wenn Sie leugnen, korrumpiert werden zu können, alle Manager, Eltern, Vorgesetzte, Vorarbeiter und Direktoren werden Ihnen bestätigen, wie viel Energie sie in die »Führung« von Menschen investieren müssen, besonders wenn diese gar nicht geführt werden möchten.

Neben dem Zwang gibt es noch ganz andere Methoden, die Menschen dazu bringen, das zu tun, was Sie von ihnen erwarten. Dazu später mehr. Jetzt möchte ich Ihnen einige Informationen und Forschungsergebnisse über die Beziehungsprobleme mitteilen, die heutzutage so viel Leid über unsere Gesellschaft bringen.

Das Beziehungs-Credo
TEIL EINS

Du und ich stehen in einer Beziehung zueinander, an der mir liegt und die ich beibehalten möchte. Trotzdem ist jeder von uns ein Einzelwesen mit eigenen Bedürfnissen und dem Recht, sie zu befriedigen.

KAPITEL ZWEI

Beziehungsprobleme

Erst als ich mit den Vorbereitungen zu diesem Buch beschäftigt war, entdeckte ich, wie wenig ich über die Verbreitung und das Ausmaß von Beziehungsproblemen in den Vereinigten Staaten wusste. Die auffälligsten waren mir natürlich bekannt, es lässt sich ja gar nicht vermeiden, sie in den Abendnachrichten oder in der Morgenzeitung zur Kenntnis zu nehmen. Doch als ich mich in die Forschungsberichte, wissenschaftlichen Zeitschriften und Bücher vertiefte, stellte ich zu meiner Verblüffung fest, dass die Situation viel schlimmer war, als ich vermutet hatte – nur dass sie oft zu alltäglich, nicht sensationell genug für die Abendnachrichten war.

Die Probleme, von denen ich spreche, hängen, um eine alte Vertreterweisheit zu bemühen, mit den Revierfragen zusammen, die immer ins Spiel kommen, wenn Menschen miteinander interagieren – und das tun wir unser ganzes Leben lang. Wie Sozialwissenschaftler herausgefunden haben, sind wir zutiefst soziale Wesen. Wir definieren uns über die Menschen, mit denen wir zusammen sind, und über die Gruppen, zu denen wir gehören. Wenn es keine Gruppe gibt, der wir uns anschließen können, gründen wir eine und fordern andere auf, sich uns anzuschließen.

Sind wir längere Zeit allein, fühlen wir uns einsam und suchen nach Menschen, zu denen wir Beziehungen knüpfen können. So paradox es klingt, ausgerechnet in diesen zwischenmenschlichen Beziehungen entstehen auch unsere schlimmsten Probleme. Ich habe viele Männer und Frauen sagen hören: »Mit ihnen kann ich nicht leben und ohne sie auch nicht«, womit sie natürlich die Menschen anderen Geschlechts meinten. Und in vielen Fällen scheint das tatsächlich zuzutreffen.

Von Experten habe ich mir sagen lassen, dass Beziehungen durch die so genannte intermittierende Verstärkung aufrechterhalten werden, vorausgesetzt, die Beziehungen haben so viel Gutes, dass die Beteiligten es der Mühe wert halten, sich mit dem Schlechten auseinander zu setzen. Wenn das stimmt, lautet die Frage: *Wie können wir das Schlechte minimieren und das Gute maximieren?*

Männer und Frauen

In der Regel werden Scheidungsstatistiken angeführt, um zu beweisen, wie schlecht es heute um die Ehen bestellt ist. Doch über die Scheidungsrate lässt sich trefflich streiten, weil es verschiedene Möglichkeiten gibt, sie zu ermitteln. Viel Verwirrung entstand 1995, als das US-amerikanische Zensusbüro bekannt gab, dass es 1993 in den Vereinigten Staaten 2 362 000 Eheschließungen und 1 191 000 Scheidungen gab und mit Hilfe einer komplizierten Formel aus diesen Zahlen errechnete, dass vier von zehn Erst-Ehen mit einer Scheidung enden würden. Zu Recht wandten Statistiker

28

ein, dass diese Zahlen die 54 Millionen bereits bestehenden Ehen außer Acht ließen. Mit anderen Worten, die anhand dieser Zahlen errechneten Scheidungsraten waren falsch. Das änderte jedoch nichts an der Tatsache, dass es 1993 fast zwei Millionen Scheidungen gegeben hatte.

An sich ist eine Scheidung nicht unbedingt etwas Schlechtes, in manchen Fällen kann sie sogar Leben retten. Doch selbst wenn die Scheidungsrate nicht so hoch oder so gefährlich für unsere Gesellschaft wäre, wie manchmal behauptet wird, ist sie doch ein Anzeichen dafür, dass es Probleme gibt.

Daneben gibt es all die Menschen, die, aus was für Gründen auch immer, in schlechten Ehen ausharren. Die Auswirkungen unglücklicher Ehen sind nur zu gut bekannt: seelische Not, Gewalt, Selbstmord und Mord. Als wäre das noch nicht genug, lassen neuere Forschungsergebnisse darauf schließen, dass der Stress einer schlechten Ehe das Immunsystem untergraben und so das Krankheitsrisiko erhöhen kann.

Wenn Familien in Aufruhr geraten, sich trennen, scheiden lassen, streiten, dann ist die Belastung für die Kinder groß. Sie leiden unter Depressionen und Leistungsstörungen in der Schule. Häufig sind sie verstimmt, in sich gekehrt und krankheitsanfällig.

Partnerschaftskonflikte und Gewalt in der Ehe haben auch empfindliche wirtschaftliche Folgen, werden sie doch als häufigste Ursache für Personalprobleme genannt. Ernsthafte häusliche Probleme führen zu einem Rückgang der Produktivität am Arbeitsplatz. Es kommt zu mehr Fehlzeiten, Verspätungen und Krankheiten. Die Unfallrate steigt, während Alkoholmissbrauch, Drogenkonsum und die Gesundheitskosten steil nach oben klettern.

In allen Ehen gibt es Konflikte, doch in vielen Fällen münden sie einfach deshalb in Gewalt, weil die Partner nicht wissen, wie sie sie anders lösen können. Des weiteren hat die Gewalt zwischen Eheleuten zu tun mit der Gewalt zwischen Kindern.[1] Und wie sollte es auch anders sein? Wenn zu Hause Streitigkeiten, Meinungsverschiedenheiten und Konflikte durch Gewalt entschieden werden, ist es nur wahrscheinlich, dass Kinder ihre Differenzen und Auseinandersetzungen genauso regeln. Ich bin nicht überrascht von den Untersuchungen, aus denen hervorgeht, dass Erwachsene, die Kinder misshandeln und missbrauchen, fast immer aus Familien kommen, in denen sie selbst misshandelt und missbraucht wurden. Man sollte meinen, dass traumatische Kindheitserfahrungen Menschen veranlassen würden, als Erwachsene alles in ihrer Macht Stehende zu tun, um anderen Kindern solches Leid zu ersparen, doch leider ist das ein Trugschluss. Das ist deshalb wichtig, weil wir eines mit Sicherheit wissen: *Wie Ehepartner mit ihren Konflikten umgehen, ist der wichtigste Vorhersagefaktor für den Bestand ihrer Ehe.*[2]

Es gibt mindestens zwei Arten ehelicher Gewalt. Erstens die Gewalt normaler Paare, die sich darin

---

1 Tolan und Guerra, 1994.

2 Markman, 1981.

äußert, dass die Emotionen hochkochen und die Streitigkeiten aus dem Ruder laufen. Aus Untersuchungen wissen wir, dass mehr als ein Drittel aller Paare zu irgendeiner Form körperlicher Aggression neigen – mit Gegenständen werfen, sich stoßen, mit der flachen Hand schlagen, den anderen packen und schütteln. Doch zum Glück sind es nur wenige, die den Partner wirklich würgen, drosseln oder mit der Faust schlagen.[3] Interessanterweise erweisen sich Frauen in diesen Situationen als genauso gewaltbereit wie Männer.

Eine ganz andere Kategorie sind Misshandlungen des Ehepartners. Männer (und in viel geringerem Maße Frauen), die ihre Frauen (oder Männer) misshandeln, scheinen bereit zu sein, alles zu tun, um zumindest die Illusion von Kontrolle aufrechtzuerhalten. Man schätzt, dass jedes Jahr mehr als zwanzig Millionen Frauen Opfer regelmäßiger Misshandlungen werden.

Männer sprechen nicht gern über ihre Verstimmungen und Probleme, daher verhalten sie sich ihren Frauen gegenüber abwehrend und ziehen sich zurück. Frauen bevorzugen die sprachliche Ebene und greifen ihre Partner eher mit Worten an, aber beide Geschlechter kleiden ihre Klagen gewöhnlich in Kritik an dem Partner, der sich dann ungerecht beurteilt und angegriffen fühlt.

Noch schwieriger wird diese Situation dadurch, dass viele Paare, die Konflikte haben, Eltern werden. Für Menschen, die bereits Probleme mit ihrer

---

3 Pan, Neidig und O'Leary, 1994.

Ehe haben, kann die zusätzliche Belastung durch die Elternrolle das Fass zum Überlaufen bringen, zumal sie in unserer Gesellschaft kaum auf diese Rolle vorbereitet werden und so gut wie keine Hilfe finden.

Eltern und Kinder

Ich weiß noch, wie überrascht ich war, als mir Eltern in meiner klinischen Praxis erklärten, es sei falsch und schlecht, dass sie Konflikte mit ihren Kindern hätten. Sie meinten, das dürfe nicht passieren, nicht in *ihrer* Familie. Aber es passierte – und passiert – in jeder Familie.

Eltern-Kind-Konflikte sind nicht auf die Adoleszenz oder irgendein anderes Alter beschränkt. In einer Untersuchung hat man festgestellt, dass ungefähr dreimal pro Stunde komplizierte Streitigkeiten zwischen Eltern und ihren zwei- bis dreijährigen Kindern stattfanden. Zu einfacheren Konflikten kam es fast viermal in der Stunde. In einer anderen Studie zeigten Aufzeichnungen, die in verschiedenen Familien beim Abendessen gemacht wurden, dass es im Durchschnitt pro Mahlzeit 18 Eltern-Kind-Auseinandersetzungen gab, die meist in einer Sackgasse endeten.[4] Wenn Eltern-Kind-Konflikte nicht konstruktiv ausgetragen werden, können sie die persönliche und soziale Anpassung der Kinder höchst nachteilig beeinflussen. Belastete Elternbe-

---

4 Vachinich, S., 1987.

ziehungen stehen in Zusammenhang mit Verhaltensstörungen in der Adoleszenz, vor allem mit Drogenkonsum, niedrigem Selbstwertgefühl und Selbstmord.

Ein Großteil der Belastungen, unter denen Familien leiden, erwächst aus der Art und Weise, wie Eltern mit nicht akzeptablem Verhalten ihrer Kinder umgehen. Wenn sich Eltern mit unerwünschten Verhaltensweisen konfrontiert sehen, versuchen die meisten, selbst diejenigen, die Gewalt ablehnen, es durch irgendeine Form von Bestrafung zu korrigieren. Doch von wenigen Ausnahmen abgesehen, bringt es nicht den erhofften Erfolg. Wenn nun die Eltern feststellen, dass leichte Strafen das beanstandete Verhalten weder verändern noch verhindern, erhöhen sie das Strafmaß in der Regel, manchmal bis hin zur körperlichen Misshandlung. Im Jahr 1995 haben die Sozialämter in den Vereinigten Staaten 3 111 000 Fälle von Misshandlungen an Kindern registriert. Und das sind nur die gemeldeten Fälle. Niemand weiß, wie groß die Dunkelziffer ist und wie schwer wiegend diese Fälle sind.

Aus einem Bericht des National Committe for the Prevention of Child Abuse ging hervor, dass 1994 1271 Kinder durch Misshandlung oder Vernachlässigung von Eltern oder anderen Erziehungsberechtigten getötet wurden. Sehen Sie es einmal so: In unserem angeblich so aufgeklärten Land sterben pro Tag mehr als drei Kinder an den Folgen von Misshandlung und Vernachlässigung.

Die erhöhte Aggressivität bei Jugendlichen und

Erwachsenen, vor allem in ihren antisozialen Erscheinungsformen als Straffälligkeit und Kriminalität, hat, wie wir aus der Forschung wissen, eine ihrer wesentlichen Ursachen in der Erfahrung körperlicher Strafen. Dabei sind solche Ergebnisse leider ganz und gar das Gegenteil dessen, was die strafenden Eltern beabsichtigen.

Wie sich in einer Untersuchung zeigte, verhielt sich nur eines von 400 Kindern, die zu Hause nicht geschlagen wurden, gewalttätig gegenüber seinen Eltern, während in der Gruppe der Kinder, die zu Hause geschlagen wurden, die Hälfte die Eltern während des zurückliegenden Jahres geschlagen hatte.

Ein Grundsatz im Wirtschaftsleben lautet: *Wenn etwas nicht funktioniert, hör auf damit.* Meistens sind Wirtschaftsführer in der Lage, diese Regel zu befolgen, doch wenn es um die Kindererziehung geht, scheint dieser plausible Grundsatz außer Kraft zu treten. Offensichtlich funktionieren körperliche Strafen nicht und wir müssten mit ihnen aufhören. Das Problem liegt darin, dass Eltern glauben, ihre einzigen Alternativen wären entweder Belohnungen und Bestechungen (die auch nicht funktionieren) oder permissives Verhalten, das heißt, ihre Kinder machen lassen, was sie wollen. Während Strafe Kinder brutalisiert, macht Permissivität sie zu egozentrischen, unhöflichen, rücksichtslosen und im allgemeinen sehr unangenehmen Menschen – kaum eine attraktive Alternative.

Glücklicherweise gibt es einen Ausweg aus dieser Entweder/Oder-Falle, diesem entweder streng oder nachgiebig. Er wendet die Prinzipien und Fertigkeiten an, die in allen gesunden und konstruktiven Beziehungen zur Anwendung kommen und nirgends dringender gebraucht werden als in Familien. In späteren Kapiteln werden wir diese Prinzipien und Fertigkeiten eingehender beschreiben.

Die Kinder

Eine der bedrückendsten und verstörendsten Aspekte unserer Zeit sind die Morde, die von Kindern begangen werden, und zwar häufig in Schulen.

Fassungslos fragen wir uns, was da schief gelaufen ist und wer die Schuld hat. 1999, auf der nationalen Konferenz des Children's Institute, erläuterten James Garbarino und Bruce Perry, dass die Daten über Kinder, die Morde begehen, deutliche Hinweise auf frühkindliche Erfahrungen mit Missbrauch und/oder häuslicher Gewalt enthalten.

Die Kehrseite des Mordes ist der Selbstmord. Daher bringen Kinder gelegentlich auch sich selbst um, nicht ihre Freunde und Nachbarn. Zwischen 1968 und 1985 hat sich die Selbstmordrate bei Jugendlichen zwischen zehn und vierzehn Jahren fast verdreifacht, während sie sich in der Altersgruppe von fünfzehn bis neunzehn verdoppelt hat. Bei den 15- bis 24-Jährigen ist Selbstmord die dritthäufigste Todesursache. Zwischen sechs und dreizehn Prozent der Jugendlichen geben an, sie hätten schon mindestens einen Selbstmordversuch hinter sich, und 62,6 Prozent der Schüler, die an einer großen Highschool im Mittleren Westen befragt wurden, erklärten, sie hätten schon einmal an Selbstmord gedacht ... was uns, die wir schon ein Gutteil des Erwachsenenlebens hinter uns haben, doch sehr nachdenklich stimmen muss. Wie kann jemand, so fragen wir uns, der noch fast sein ganzes Leben vor sich hat, den Wunsch verspüren, es zu beenden?

Es gibt viele Faktoren, die bei Selbstmorden im Jugendalter eine Rolle spielen, doch die Qualität der Beziehungen steht ganz oben auf der Liste. Kinder, deren Beziehungen verlässlich und liebevoll sind, erweisen sich in der Regel als zuversichtlich, optimistisch und selbstsicher. Sie bringen weder sich noch andere um.

Wenn Sie dieses Kapitel entmutigend oder deprimierend fanden, dann wissen Sie, wie es mir ergangen ist, als ich mich in die Forschungsberichte vertiefte und feststellte, in welchem Zustand sich unsere Beziehungen befinden und was die Menschen sich antun, wenn sie einfach nur die Verhaltensmuster der Vergangenheit wiederholen. Wir haben uns die Aufgabe gestellt, jedem zu helfen, seine Beziehungen zu verbessern. In diesem Buch wollen wir einige der Barrieren beschreiben, die uns daran hindern, diesen Vorsatz zu verwirklichen, und eine Reihe von Haltungen, Lösungen, Fertigkeiten und Prozesse vorschlagen, die genau dies leisten können – zur Verbesserung unserer Beziehungen beizutragen, sodass uns allen ein erfüllteres und gesünderes Leben offen steht.

Es gibt Hoffnung. Lesen Sie weiter!

KAPITEL DREI

Vorbeugende Maßnahmen

Wenn Menschen andere häufig dazu bringen, Dinge zu tun, die sie nicht tun möchten, dann, so hat es den Anschein, gehen ihre Beziehungen in die Brüche, und schlechte Beziehungen sind die Ursache vieler Probleme, wie ich im letzten Kapitel erwähnt habe. Es ist schwierig, vielleicht unmöglich, eine gesunde, befriedigende Beziehung zu jemandem zu unterhalten, der Macht ausübt, um seine Bedürfnisse auf Kosten des anderen zu befriedigen.

Wenn wir mit unseren Beziehungen nicht zurechtkommen, blicken wir erwartungsvoll auf die Wissenschaft. Wir denken, es muss doch eine Spritze geben, die uns die Ärzte geben können, ein neues Medikament, eine technische Entdeckung, irgendeine Zauberkugel, die uns Erfolg verschafft, unsere Gesundheit wiederherstellt, unserem Leben neue Horizonte erschließt, für unser Glück sorgt, unsere Beziehungen repariert und uns die Gewissheit verschafft, dass es mit der Welt aufs Beste bestellt ist – wenn nur die richtige Behandlungsmethode gefunden wird.

Tatsächlich wissen wir viel, was der Behandlung schmerzlicher und ungesunder Beziehungen dienen kann. Doch es gibt viele Gründe, warum Behandlungen nicht zur Reparatur beschädigter Beziehungen taugen. Zuallererst ist die Anzahl der Menschen, die durch schlechte Beziehungen Scha-

38

den erleiden, außerordentlich groß, nimmt ständig zu und wird mit dem allgemeinen Bevölkerungswachstum weiter wachsen. Zweitens, Menschen nehmen weit schneller Schaden, als wir sie behandeln können, selbst wenn wir alle Mittel einsetzen, die uns zu Gebote stehen.

Bei einem erwarteten Bevölkerungswachstum von zwanzig Prozent haben wir 2015 mit mehr als 50 Millionen Menschen zu rechnen, die durch Alltagskrisen unter schweren seelischen Problemen leiden – Krisen, die größtenteils mit der Qualität ihrer Beziehungen zu tun haben.

Im April 1998 wurde George Albee, Ex-Präsident der American Psychological Association und emeritierter Professor der University of New Hampshire, vom Kongress um Auskunft gebeten, wie man den psychisch erkrankten und seelisch gestörten Menschen helfen könne, für die ihr Leben und ihre Beziehungen eine Quelle von Leid und Unglück seien. Albee teilte den Ausschussmitgliedern mit: »Die Fakten und Zahlen sprechen eine zu eindeutige Sprache, als dass wir uns in der Hoffnung wiegen könnten, wir hätten eines Tages genug Ärzte und Therapeuten, um allen leidenden Menschen helfen zu können. Wie hoffnungslos unsere gegenwärtigen Bemühungen sind, wird daraus ersichtlich, dass jedes Jahr nur sechs bis sieben Millionen Menschen im gesamten psychiatrischen System der USA, den öffentlichen wie den privaten Institutionen, behandelt werden.«

Dr. Albee forderte vorbeugende Maßnahmen, um die Ursachen für die Störungen der seelischen Gesundheit zu beseitigen. Diesen Gedanken erläuterte er am Beispiel von Dr. John Snow, einem Londoner Arzt, der 1853 die Choleraepidemie bekämpfte. Snow bemerkte, dass sich nur bestimmte Menschen die Krankheit zuzogen; daher begann er überlebende Opfer und ihre Angehörigen zu befragen und entdeckte, dass die Erkrankten alle dieselbe öffentliche Wasserpumpe in der Broad Street benutzt hatten. Also entfernte er den Schwengel von der Pumpe, sodass die Menschen dieses Viertels ihr Wasser aus einem anderen Brunnen holen mussten. Damit beendete er die Choleraepidemie. Es ist anzumerken, dass Dr. Snow nicht die geringste Ahnung hatte, was die Krankheit verursachte, weil der Cholerabazillus damals noch nicht bekannt war, aber der Arzt wusste, dass der Krankheit *vorgebeugt* werden konnte, wenn die Menschen aufhörten, das kontaminierte Wasser zu trinken.

Ein anderes Beispiel ist der junge ungarische Arzt Ignaz Semmelweis, der sich als Erster systematisch die Hände wusch, bevor er Geburtshilfe leistete, und auf diese Weise der Übertragung von Krankheitserregern, vor allem des Wochenbettfiebers, vorbeugte. Damit verhinderte er fast vollständig, dass seine Patientinnen an dieser tödlichen Infektion erkrankten. Als das Händewaschen allgemein praktiziert wurde, beugte es nicht nur dem Wochenbettfieber vor, sondern auch allen anderen Arten von bakteriellen Infektionen, gegen die es damals noch keine Mittel gab.

Ich stelle mir dieses Buch gern als eine Art »Pumpenschwengel« vor, eine Vorbeugungsmaß-

40

nahme, die einer großen Anzahl von Menschen mit beziehungsbedingten Leiden hilft. Ohne jede Frage können und werden verbesserte Beziehungen auch der körperlichen und seelischen Gesundheit zugute kommen.

Meine eigene Hinwendung zur Vorbeugung

Carl Rogers bildete mich an der University of Chicago zum Psychotherapeuten aus, danach war ich fünf Jahre lang Mitarbeiter am psychologischen Beratungszentrum der Universität, bevor ich beschloss, eine weit gehend konventionelle Privatpraxis in Pasadena, Kalifornien, zu eröffnen, in der ich psychologische Einzel- und Gruppenberatung für Erwachsene und Spieltherapie für Kinder anbot.

Die meisten Erwachsenen, die ich behandelte, passten nicht in die üblichen psychiatrischen Schubladen. Sie waren weder neurotisch noch psychotisch, weder klinisch depressiv noch phobisch. Sie hatten einfach Probleme in ihrem Leben, meist mit Familienangehörigen – Ehepartnern, Kindern, den eigenen Eltern, Ex-Frauen, Ex-Männern und so fort. Hatten Eltern Probleme mit Kindern, waren sie sich sicher, dass etwas mit den Kindern nicht stimmte. Also brachten sie sie zu mir, ganz so, wie sie ihr Auto in die Werkstatt brachten und reparieren ließen, damit es wieder funktionierte.

Doch die Kinder schienen normal und gesund zu sein, ganz gewiss nicht emotional gestört im klassischen Sinne. Die meisten dieser Kinder waren sich sicher, dass ihre *Eltern* Probleme hatten und psychologische Hilfe brauchten. Offen sprachen sie über Familienzank und Konflikte und schilderten Vorfälle, in denen sie ungerecht behandelt worden waren, und andere, in denen ihre Eltern ihnen gegenüber wenig oder keine Achtung zeigten. Sie wurden häufig bestraft und beklagten, dass ihre Eltern ihnen selten zuhörten oder versuchten, sie zu verstehen. So gewöhnten sich einige an, zu lügen und die Schuld anderen in die Schuhe zu schieben. Manche zogen sich zurück und versuchten, so wenig wie möglich mit ihren Eltern zu tun zu haben, und einige gaben offen zu, ihre Eltern zu hassen.

Nach den ersten Sitzungen erklärten die meisten, sie würden gerne wiederkommen. Sie hatten das Gefühl, dass ich ihnen zuhörte und sie verstand, während ich hoffte, die Behandlung würde die erforderlichen Veränderungen in ihrem Leben herbeiführen, was manchmal auch der Fall war.

Doch diese Jugendlichen täuschten sich in Bezug auf ihre Eltern. Auch die brauchten keine Psychotherapie. Sie kamen gut mit dem Leben zurecht, waren erfolgreich und führten überwiegend gute Ehen. Ehrlich bemüht, ihrer Elternrolle gerecht zu werden, kümmerten sie sich um ihre Kinder und waren tief enttäuscht über die Wendung der Dinge. Sie taten, was sie für richtig hielten, belohnten oder bestraften die Kinder, um sie zu kontrollieren, und waren im Wesentlichen die gleichen autoritären Eltern, wie ihre eigenen gewesen waren. Einige wenige Eltern gaben zu, ernstere Konflikte mit den Kindern hätten hin und wieder zu Gewalttätigkeiten geführt, und einige Kinder waren von zu Hause fortgelaufen.

Immer und immer wieder hörte ich die gleichen Botschaften von den jungen Menschen:

- Ich habe kein Problem, aber meine Eltern haben ganz bestimmt eins.
- Warum lassen Sie nicht meinen Vater zur Therapie kommen?
- Meine Eltern bestrafen mich zu oft.
- Sobald ich alt genug bin, hau ich ab.
- Langsam fange ich an, meine Mutter zu hassen.
- Ich kann meine Eltern einfach nicht mehr ertragen.
- Ich sprech nicht mehr mit meinen Eltern.

Nach einiger Zeit fragte ich mich: Wie soll ich diese jungen Leute behandeln, wenn sie davon überzeugt sind, dass ihre Eltern sich verändern müssen? Wie soll ich einer Jugendlichen bei einem Problem helfen, das sie nach Meinung der Eltern hat, wenn sie sagt, *sie* seien das Problem? Und umgekehrt, wie soll ich den Eltern dieser verstörten und unglücklichen Jugendlichen helfen, wenn sie nicht den geringsten Bedarf für eine Therapie sehen?

Zu Hause zerbrach ich mir den Kopf über diese Fragen und berichtete meiner Frau, dass ich das Gefühl hätte, zu versagen. Zu meinem Glück war sie eine gute Zuhörerin. Eines wusste ich mit Bestimmtheit: Ich wollte diesen Eltern helfen, die Beziehung zu ihren Kindern zu verbessern. Schließlich beschloss ich, etwas Neues zu versuchen, eine Entscheidung, die mein Leben verändern sollte. Zu der Zeit, als ich über diese Probleme nachdachte und nach einer Lösung suchte, gab ich an der University of California in Los Angeles einen Führungskurs, und mir wurde klar, dass die Eltern-Kind-Beziehung der Beziehung zwischen Managern und Gruppenmitgliedern in Wirtschaftsorganisationen gleicht. Warum, so fragte ich mich, entwickelte ich nicht einfach ein Trainingsprogramm für Eltern, ähnlich dem in dem Führungskurs, den ich gerade an der Uni gab? Das ist es!, dachte ich. Ich vermittle Eltern die Fertigkeiten, die sie brauchen, um demokratische Manager in ihren Familie zu werden, die es ihnen ermöglichen, bessere Beziehungen zu ihren Kindern zu unterhalten. Partizipatives Elternverhalten! Training, bevor Probleme auftreten! Vorbeugung, um eine Behandlung zu vermeiden!

Mit neuem Elan machte ich mich an die Arbeit und entwickelte einen aus acht Sitzungen und vierundzwanzig Stunden bestehenden Kurs, den ich *Effektivitätstraining für Eltern* (*Parent Effectiveness Training*, *PET*) nannte. Den ersten Kurs hielt ich mit siebzehn Teilnehmern im Hinterzimmer einer Cafeteria in Pasadena ab. Damit hatte ich eine neue Berufsrolle übernommen. Ich war zum Lehrer geworden, zum Gruppenleiter, Trainer, Multiplikator. Statt in der Behandlung sah ich meine Aufgabe jetzt in der Vorbeugung. Ich fühlte mich als neuer Mensch!

44

Vorsicht ist besser ...

Ich denke, alle Mütter kennen genügend kluge Sprüche. Vielleicht wird ihnen das in die Wiege gelegt. Als ich ein Kind war, sagte meine Mutter immer: »Vorsicht ist besser als Nachsicht«, und ich bin mir sicher, Ihre sagte es auch.

Alle meine Freunde hatten Mütter, die ihnen – unter anderem – beibrachten: Vorsicht ist besser als Nachsicht. Also nicht nur meine Mutter verkündete diese Weisheit, das taten alle Mütter, die ich kannte, vielleicht alle Mütter überhaupt. Einmal saßen vier oder fünf meiner Freunde und ich an einem heißen Sommernachmittag auf einer schattigen Parkbank und unterhielten uns über die Dinge, die Siebt- oder Achtklässler so interessieren - Baseball, warum Mädchen kichern und schließlich, was es mit dieser Redensart von der Vorsicht wohl auf sich habe.

Einig waren wir uns, dass es um schlechte Dinge gehen müsse, denn niemand könne ein Interesse daran haben, ihnen vorzubeugen (Vorsicht) beziehungsweise sie hinterher wieder in Ordnung zu bringen (Nachsicht). Doch ein anderer Aspekt bereitete uns Kopfzerbrechen. Wenn Menschen etwas tun, um schlechten Dingen vorzubeugen, wie kann man dann wissen, ob eine schlechte Sache, sagen wir, eine Krankheit, ohne die Intervention auch aufgetreten wäre?

Diese Frage bereitet auch Wissenschaftlern Kopfzerbrechen. Anders als im Fall einer Behandlung gibt es keine Möglichkeit, im Einzelfall herauszufinden, ob eine vorbeugende Maßnahme Erfolg gehabt hat oder nicht. Nehmen wir beispielsweise an, Sie wären einer der Londoner, die Snow daran gehindert hat, verseuchtes Wasser zu trinken. Hätten Sie Cholera bekommen, wenn Sie das schlechte Wasser weiterhin getrunken hätten? Wahrscheinlich, vielleicht aber auch nicht. Nicht jeder ist erkrankt. Wir wissen nur eines mit Bestimmtheit: Alle, die ohne Snows Eingreifen Cholera bekommen hätten, blieben verschont.

Cholera ist nur eine der Krankheiten, die durch Vorbeugung besiegt worden sind. Andere sind Pocken, Typhus, Kinderlähmung, Masern, Skorbut, Malaria, Gelbfieber und Pellagra. Wir wissen, dass die Vorbeugungsmaßnahmen Erfolg haben, weil wir heute von diesen Krankheiten relativ unbehelligt sind. Die Menschen bleiben von ihnen verschont, weil man die Ernährungsmängel, Bakterien oder Viren, die sie verursachen, entdeckt, Vitaminbehandlungen oder Impfstoffe entwickelt und sie besonders gefährdeten Bevölkerungsgruppen verabreicht hat.

Vorbeugung ist auch die beste Methode, um die körperliche Gesundheit zu verbessern. Wir wissen, dass körperliche Bewegung, cholesterinarme Diät, vitaminreiche Kost, Einschränkung des Tabak- und Alkoholkonsums und eine ausgewogene, nährstoffreiche Ernährung das Immunsystem stärken und Krankheiten vorbeugen.

Mit diesem Buch möchte ich einige der Ergebnisse und Erkenntnisse weitergeben, die unsere Kursleiter und ich im Lauf der letzten vierzig Jahre gewonnen haben – Erkenntnisse über die Vorbeugung von Beziehungsproblemen und über Behandlungsmöglichkeiten in den Fällen, in denen die Beziehungen bereits Schaden genommen haben. Auf der ganzen Welt haben wir Trainings-Workshops für tausende von Menschen durchgeführt und nur geringfügige Unterschiede in den Beziehungen der Menschen festgestellt. Beispielsweise sind in allen Ländern die Beziehungen überwiegend hierarchisch und die Verlierer in diesen Beziehungen sind auf dem einen Kontinent so nachtragend wie auf dem anderen. In Europa und Asien ist man mit Schuldzuweisungen genauso rasch zur Hand wie in Amerika, wenn etwas schief geht. Und es scheint überall etwas schief zu gehen.

Wir möchten einen klaren und einfachen Weg zur Vorbeugung eines Großteils der bedrückenden seelischen Störungen vorschlagen, wobei es zunächst darum geht, dass die hierarchische Pyramide abgeflacht oder sogar beseitigt wird.

KAPITEL VIER

Beziehungshierarchie

Vor mehr als zweitausend Jahren entwickelten die Römer ein Organisationssystem, eine Befehls- und Herrschaftshierarchie, die wir heute als Pyramide bezeichnen. Als Rom vom Stadtstaat zum Weltreich aufstieg, erwies es sich als immer unregierbarer, aus dem einfachen Grund, weil eine Nachricht Wochen oder Monate brauchte, um die äußeren Gebiete zu erreichen, und genauso lange, um wieder zurückzukommen.

Im Lauf der Zeit entwickelten die politischen und militärischen Führer eine vielschichtige Kommandostruktur, an deren Spitze die Caesaren standen und an deren Fuß die Soldaten. Stets liefen die Anweisungen von oben nach unten durch die vielen Glieder der Befehlskette. Zwar förderte das System die Kommunikationsgeschwindigkeit nicht, informierte aber die Caesaren und Generale darüber, wer verantwortlich war, wer für Erfolge zu belohnen und für Misserfolge zu bestrafen war, und auf diese Weise funktionierte das System viele hundert Jahre lang recht ordentlich.

Mit der Erfindung der Dampfmaschine setzte die industrielle Revolution zunächst in England und dann im Rest von Europa und Amerika ein. Mit dieser Revolution verlagerten sich die Produktionsmittel aus der Heimindustrie in die Fabriken, wo die Pyramide für das Betriebssystem übernommen

48

wurde. An der Spitze der Pyramide wurden die Caesaren von den Eigentümern ersetzt, die zwischen sich und den Arbeitern zwei bis drei Verwaltungsebenen hatten. In vielen Fabriken saßen so genannte Aufseher in Glaskästen, von denen aus sie die Fabrikhallen übersehen und die Arbeiter im Auge behalten konnten. Vorarbeiter erstatteten den Aufsehern Bericht und waren in der Halle tätig, wo sie direkten – und häufig gewalttätigen – Kontakt zu den Arbeitern hatten.

Die industrielle Revolution war das Ergebnis neuer Technologien und hätte auch ohne die Pyramide Erfolg gehabt, genauso wie sich die Computertechnologie auch ohne Microsofts Windows durchgesetzt hätte. Die Pyramide hat mehr mit die Einstellung der Oberschicht gegenüber Arbeitern zu tun als mit organisatorischer Effizienz. Die Arbeiter sind die Fußsoldaten der Industrie. In der riesigen, militärisch organisierten Maschinerie galten sie als entbehrliche, austauschbare Teile, die man durch Bestrafung und Angst gängeln musste. Daher die Vorarbeiter und Aufseher.

In Industrie und Militär hatte sich die Pyramide so durchgesetzt, dass ihre von oben nach unten verlaufende vertikale Struktur von Regierungen, Kirchen, Schulen, Krankenhäusern und anderen Organisationen übernommen wurde, auch wenn eine andere, weniger hierarchische Struktur besser geeignet gewesen wäre.

Die Geschichte hierarchischer Führung offenbart viele Schwächen: Unruhen und Streiks, hohe Fluktuation, gewerkschaftliche Organisation, mit-

49

telmäßige Leistungen, Hochmut der Arbeitgeber gegenüber der Arbeiterschaft und infolgedessen Abneigung der Arbeiterschaft gegenüber den Arbeitgebern, unzulängliche Delegation, Machtmissbrauch.

Gelegentlich lassen verärgerte Arbeiter ihre Wut an den Vorgesetzten aus. Das National Institute for Occupational Safety berichtet, dass 1997 100 Direktoren und Aufseher von Untergebenen getötet wurden. Amerikanische Postangestellte haben ihre Vorgesetzten (und leider auch Kollegen) so spektakulär umgebracht, dass *going postal*, zu Recht oder zu Unrecht, ein Synonym für den Zorn von Arbeitnehmern geworden ist. Offenbar gibt es einen Zusammenhang zwischen dem Unmut von Postangestellten und dem Umstand, dass die US-amerikanische Post »militärisch« geführt wird.

Wir haben die Beobachtung gemacht, dass viele Menschen in leitenden Positionen das Wissen, die Fantasie und die Kreativität ihrer Angestellten unterschätzen. Doch eine wachsende Zahl erkennt die Notwendigkeit, mehr Demokratie am Arbeitsplatz herzustellen, sodass Arbeiter die Möglichkeit bekommen, mehr wie Manager zu agieren, und Manager, mehr wie Arbeiter. Dazu müssen leitende Angestellte neue Fertigkeiten erwerben, damit sie Beziehungen aufbauen können, die sich auf ein besseres Verständnis von Verhalten und Motivation gründen.

Um Ihnen zu zeigen, was geschieht, wenn der pyramidenförmige Führungsstil aufgegeben und stattdessen eine geradlinige Teamwork-Struktur

> *Führung ist keine Solonummer. In den vielen tausend Fällen ausgezeichneter Führungsarbeit, die wir untersucht haben, haben wir nicht ein einziges Beispiel für herausragende Leistung gefunden, die ohne die Beteiligung und die Unterstützung vieler Menschen zustande kam. Das erwarten wir auch in Zukunft nicht.*
>
> Peter Drucker
> *Die Manager von Morgen*

eingeführt wird, wollen wir die Flugzeugfabrik von General Electric in Durham, North Carolina, betrachten. Dort sind 170 Mitarbeiter in Neunergruppen beschäftigt, aber es gibt nur einen »Chef«, der eher die Funktion eines Koordinators als eines Direktors oder Aufsehers hat. Das heißt, im normalen Arbeitsbetrieb haben die Menschen, die dort arbeiten, keinen Vorgesetzten. Im Prinzip arbeiten sie in eigener Regie, und das so gut, dass nur ganz wenige der riesigen GE90-Maschinen, die sie herstellen, Mängel aufweisen, in den meisten Fällen einen Kratzer oder eine Schramme, etwas zu Vernachlässigendes. Der Rest ist schlichtweg vollkommen und mit jedem Jahr drücken die Mitarbeiter Fehlerquote und Kosten noch weiter nach unten.

In dieser Fertigungsstätte gibt es keine Leistungsanreize, kein Zuckerbrot, keine Belohnungen – außer der Befriedigung, gute Arbeit zu leisten. Nur eine einzige Vorgabe bekommen die Mitarbeiter: wann die nächste Maschine für die Auslieferung fertig sein muss. Alle anderen Entscheidungen treffen die Arbeitsgruppen allein.

In Durham und in vielen anderen Fabriken überall im Land stellen die Mitarbeiter unter Beweis, dass sie bei entsprechender Ausbildung und Gelegenheit Hervorragendes in autonomen Arbeitsgruppen leisten. Jahrhundertealte hierarchische Kontrolle und Führung erweisen sich als das, was sie sind, ein ineffizientes System, das Geld, Zeit und Talente verschwendet.

Wenn diese Verfahren so außergewöhnliche Ergebnisse sogar in einer großen Produktionsstätte erzielen, lässt sich unschwer vorstellen, was sie bei Paaren, in Familien, Schulklassen, in kleinen Firmen und ähnlichen Gruppen ausrichten können. Sie brauchen eigentlich nur die Bereitschaft, Ihre Beziehungen zu verbessern, mitzubringen. Die interpersonalen Fertigkeiten finden Sie in diesem Buch.

Im nächsten Kapitel werden wir einige dieser Fertigkeiten näher betrachten, wobei wir mit einer Methode beginnen, mit deren Hilfe sich entscheiden lässt, welche Fertigkeiten in bestimmten Situationen angemessen sind.

KAPITEL FÜNF

Wer besitzt Beziehungsprobleme?

Stellen Sie sich die Grenze dieser Seite als einen Fensterrahmen vor. Durch das Fenster können Sie alles hören und sehen, was jemand anders sagt und tut. Unter anderem soll Ihnen der Fenster-Vergleich helfen, alles, was Sie sehen und hören können, in zwei Kategorien zu unterteilen: Dinge, die für Sie akzeptabel sind, und Dinge, die es nicht sind. Akzeptable Verhaltensweisen sehen Sie durch diese obere Hälfte des Fensters.

Hier in der unteren Hälfte des Fensters sehen und hören Sie Verhaltensweisen, die Sie nicht mögen und deswegen verändern möchten.

Jetzt wollen wir noch einen dritten Abschnitt in das Fenster einführen, der die oberen, akzeptablen Verhaltensweisen in zwei Gruppen unterteilt.

53

Nun haben wir also drei »Scheiben« im Fenster, zwei in den beiden oberen Dritteln und eine im unteren Drittel, unterhalb der Linie, die akzeptable von unakzeptablen Verhaltensweisen trennt. Was die Menschen im oberen Drittel des Fensters sagen und tun, bedeutet kein Problem für Sie. Doch unter Umständen empfangen Sie Signale, Hinweise und Anhaltspunkte dafür, dass der andere ein Problem hat.

In diesem mittleren Abschnitt erkennen weder Sie noch der andere ein Problem. Das ist im Augenblick der problemfreie Bereich Ihrer Beziehung zu diesem Menschen.

Dieser untere Abschnitt bleibt der Bereich, in dem Sie Verhaltensweisen beobachten, die ein Problem für Sie darstellen. Diese Verhaltensweisen wirken sich negativ auf Sie aus, beeinträchtigen Sie in irgendeiner Weise und sind etwas, was Sie verändert haben möchten.

Notieren wir in dem Fenster einige Verhaltensweisen, die durch »Vs« gekennzeichnet sind:

Das Verhaltensfenster zeigt Ihnen, ob jemand, wenn überhaupt, ein Problem hat. Das müssen Sie wissen, um entscheiden zu können, was Sie tun sollten und was der Situation angemessen ist.

V Eine Mitarbeiterin schluchzt.

V Ihr Partner schlägt die Augen nieder.

V Ihr Sohn sagt: »Ich werde nie gute Noten kriegen. Ich bin einfach zu dumm.«

V Ein Freund sagt, die Menschen seien zu kritisch und erwarteten zu viel von ihm, besonders seine Familie.

V Ihre Tochter hat sich für das Golfteam der Schule qualifiziert.

V Die Nachbarin erklärt, sie habe das Rauchen aufgegeben.

V Ihre Frau hat in Las Vegas 1000 Dollar an einem Automaten gewonnen.

V Der Chef halst Ihnen kurz vor Schluss noch einen Berg von Arbeit auf.

V Ein Mitarbeiter spielt auf seinem Computer an der Börse, statt seine Arbeit zu erledigen.

V Ihr Sohn hat versprochen, den Rasen zu mähen, doch nun sind schon zwei Tage vergangen und der Rasen ist immer noch nicht gemäht.

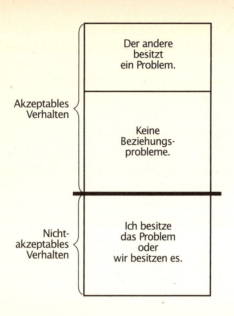

Der Problembesitz ist nicht schwer zu bestimmen. Wer negative Gefühle empfindet, »besitzt« diese Gedanken und Gefühle, und nur er oder sie selbst kann sie lösen. Wenn Sie oder ich versuchen, die Probleme eines anderen zu lösen, machen wir gewöhnlich alles nur noch schlimmer. Gelegentlich haben mir Eltern gesagt, wenn sie weiterhin abhängige Kinder haben wollen, sollten sie ihnen auch weiterhin alles abnehmen. Wer seinem Kind beispielsweise ständig die Schuhe zubindet, sorgt mit an Sicherheit grenzender Wahrscheinlichkeit dafür, dass das Kind Mühe haben wird, es zu lernen. Dieses *Tun-für* dient uns in unseren Seminaren dazu, die Art von Hilfe zu erklären, die hilflos macht. Manchmal habe ich vorn in meinen Kursräumen ein großes Schild aufgehängt, auf dem stand: »ACHTUNG! Hilfe kann jeden Augenblick zuschlagen«, um eine Diskussion anzustoßen über den Unterschied zwischen der Art von Hilfe, die etwas *für* jemanden tut, im Unterschied zu der Art von Hilfe, die darin besteht, etwas *mit* jemandem zu tun. Die Bibel verwendet das Gleichnis der Fische, um diese Idee zum Ausdruck zu bringen: Lehre die Menschen zu fischen und sie können sich selbst ernähren. Alle guten Eltern, Lehrer und Vorgesetzte halten sich an dieses Prinzip, um ihren Kindern, Schülern und Mitarbeitern Kompetenz zu vermitteln.

Damit empfehle ich keine kaltschnäuzige, distanzierte Das-ist-*dein*-Problem-Haltung gegenüber Menschen, die in Schwierigkeiten stecken oder leiden. Ich bin aber dafür, dass Sie ihnen assistieren, statt ihnen zu helfen oder Dinge für sie zu tun, die sie selbst tun können. Eine genaue Beurteilung des Problembesitzes ist der erste Schritt im Assistenz-Prozess.

Die bewegliche Linie

Bei Einführung des Verhaltensfensters haben wir es in zwei Teile unterteilt, den oberen Abschnitt für die akzeptablen (o.k.) Verhaltensweisen und den unteren für nicht akzeptable (nicht-o.k.) Verhaltensweisen. Dann haben wir den unteren Teil in zwei Abschnitte geteilt – oben für die Probleme, die andere besitzen, und die andere Hälfte für den Bereich ohne Probleme. Das untergliedert unser Fenster in drei ziemlich instabile Teile.

Es gibt drei Faktoren oder Variablen, die das Fenster instabil oder veränderlich machen. Es handelt sich um das Selbst, den oder die anderen und die Umwelt. In Kapitel zehn werde ich näher auf diese Faktoren eingehen. Hier möchte ich Ihnen nur deutlich machen, dass die Linie, die o.k.- von Nicht-o.k.-Verhaltensweisen trennt, nicht festgelegt ist. Sie bewegt sich.

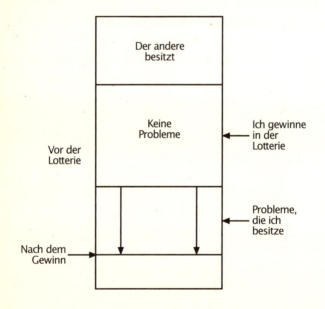

Das heißt, Sie werden nicht beständig sein. Über Beständigkeit lässt sich gewiss eine Menge sagen. Sportler, die beständig gut spielen, werden gefeiert, und Anwälte, Ärzte, Schriftsteller und Angehörige anderer Berufe, die beständig produktiv sind, stehen hoch im Kurs. Doch versuchen Sie nicht, diese Art von Beständigkeit auf Ihr Empfinden für das eigene und das Verhalten anderer zu übertragen. Das geht nicht. Sie können nicht beständig sein, wenn Sie nicht beständig so empfinden wie im Augenblick. Später werde ich erläutern, wie Sie den Menschen mitteilen können, was Sie stört, was nicht o.k. ist und warum es nicht o.k. ist, ohne ihnen Vorwürfe zu machen oder sie zu kritisieren.

Fügen wir noch ein letztes Feld in das Fenster ein – Fertigkeiten, die an der Zone »der andere besitzt« ansetzen. Wenn jemand anders Probleme hat, braucht er Assistenz – Assistenz, die Sie mög-

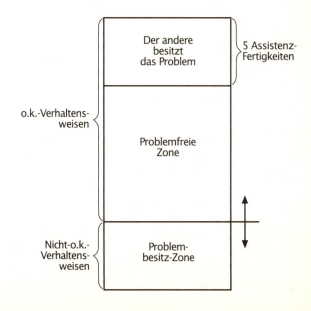

licherweise leisten können. Im nächsten Kapitel werde ich zunächst erklären, wie die meisten Menschen auf solche Situationen reagieren, wie wenig hilfreich ihre Reaktionen oft sind und welche fünf Fertigkeiten es gibt, die wirklich hilfreich sind.

Das Beziehungs-Credo
TEIL ZWEI

Wenn du Probleme hast, werde ich mit aufrichtiger Akzeptanz zuhören, um dir zu helfen, eigene Lösungen zu finden. Dein Recht, dich für eigene Überzeugungen zu entscheiden, so verschieden sie auch von den meinen sein mögen, werde ich respektieren.

KAPITEL SECHS

Zuhören als Beziehungswerkzeug

Wenn Sie Ihre Beziehungen wirklich verbessern wollen, müssen Sie vier Dinge tun. Erstens müssen Sie lernen, wie und wann man zuhört. Zweitens müssen Sie sich eine besondere Redeweise angewöhnen und wissen, wann sie anzuwenden ist. Drittens müssen Sie lernen, mit Konflikten so umzugehen, dass niemand am Ende als grollender Verlierer dasteht, und viertens müssen Sie mit den Menschen, die Ihnen am wichtigsten sind, einen offenen Dialog herstellen und aufrechterhalten.

Beziehungen werden durch Kommunikationsmuster geknüpft und zerstört. Gute, offene, ehrliche Kommunikation ist die Voraussetzung und Grundlage für gute Beziehungen. Schlechte Kommunikation macht sie kaputt. So einfach ist das.

Zwischenmenschliche Kommunikation hat das Ziel, zu verstehen und verstanden zu werden. Weil es so wichtig ist, noch einmal: *Zwischenmenschliche Kommunikation hat das Ziel, zu verstehen und verstanden zu werden.* Wenn Sie ärgerlich sind und es mir sagen, was bezwecken Sie damit? Warum erzählen Sie es mir? Ist es nicht, weil Sie mir mitteilen möchten, was in Ihnen vorgeht, weil ich verstehen soll, was für Gedanken und Gefühle Sie be-

61

wegen? Wenn Sie nicht den Wunsch hätten, mich das wissen zu lassen, würden Sie es mir nicht sagen.

Möchte ich Sie wissen lassen, wie mir zumute ist, muss ich mit Ihnen reden. Was erwarte ich von Ihnen? Verständnis. Für diese Art des Einfühlungs-vermögens gibt es eine wissenschaftliche Bezeich-nung: Empathie. Nicht Sympathie. Die hat mehr mit dem Zuhörer zu tun. Der Empathie liegt Ihre Vermutung zugrunde, wie ich mich wohl fühle, das Wissen, wie es in meinem Inneren aussehen muss, Ihre Mitteilung an mich, wie es mir nach Ihrem Ein-druck geht. Wenn ich Empathie von Ihnen haben möchte, muss ich Ihnen mitteilen, wie ich mich wirklich fühle. Auch dafür gibt es einen anschau-lichen Begriff: Transparenz. Damit Sie mich verste-hen, muss ich transparenter, offener werden, ich muss deutlicher zum Ausdruck bringen, wer und was ich wirklich bin.

Wir werden noch darauf zurückkommen, wie wir sprechen müssen, damit andere zuhören, wie sich die Konflikte lösen lassen, die in jeder Bezie-hung unvermeidlich sind, und wie Dialoge ausse-hen können, wenn es keine Probleme gibt. Doch zuerst müssen wir uns mit der Frage beschäftigen, wie wir so zuhören, dass die anderen wissen, sie werden verstanden.

Es folgt ein Beispiel.

In der Mittagspause setzt sich ein Freund zu Ih-nen an den Tisch: »Ich hab diese Firma so satt. Hier kommst du einfach nicht vorwärts. Befördert wer-den immer nur die Leute mit Beziehungen oder die

Klugscheißer von der Uni wie Peterson. Das ist nicht fair.«

Sie sagen: »Ich versteh schon, Jim. Warum besuchst du keine Abendkurse? Du bist genauso klug wie Peterson, nur nicht so motiviert oder so.«

Hören Sie die Nichtakzeptanz aus der Antwort heraus? Zwar versichern Sie Ihrem Kollegen, er sei genauso klug wie Peterson, aber gleichzeitig sagen Sie ihm, was er tun soll, als sei er zu dumm, selbst darauf zu kommen. Dann eröffnen Sie ihm, es sei etwas mit ihm nicht in Ordnung; er sei nicht motiviert ... oder so. Nicht viel Verständnis, oder?

Es folgt eine Botschaft, in der mehr von dem die Rede ist, was Ihr Freund sagt, und weniger vom Zuhörer. »Du machst dir wenig Hoffnung, hier noch mal befördert zu werden.« Höchstwahrscheinlich wird sich Jim verstanden fühlen. Und höchstwahrscheinlich war das der Grund, warum er überhaupt mit Ihnen sprechen wollte, nicht weil er den Wunsch hatte, repariert, analysiert oder mit einer Lösung versorgt zu werden. Er wollte einfach nur verstanden werden. Häufig gehen solche »Plaudereien« noch eine Weile weiter. In diesem Fall könnte Ihr Freund antworten: »Genau, ich komm hier kein Stück weiter, wenn ich nicht zum Speichellecker werde wie gewisse andere Leute oder mich für das Management-Trainingsprogramm melde.« Jim weiß also bereits, was er möchte – nämlich sich für das firmeneigene Fortbildungsprogramm bewerben. Er braucht nur jemanden, an dem er seine Ideen ausprobieren kann, jemanden, der ihm hilft, die Dinge zu durchdenken, indem er sie durchspricht.

Alle brauchen wir Menschen, die zuhören, die uns geben, was Carl Rogers *minimales evaluatives Feedback* nennt. Bei uns heißt es *Aktives Zuhören*. Nach unserer Überzeugung gibt es nichts, was in höherem Maße, rascher und dauerhafter zu Qualitäts-Beziehungen beiträgt.

Das große Problem besteht darin, dass Erfahrungen, Gefühle, sogar Gedanken nicht direkt mitgeteilt werden können. Nehmen wir an, ich bin traurig, aber ich kann Ihnen dieses Empfinden nicht mitteilen, wie sehr ich es auch versuche. Meine Erfahrungen sind in mir verschlossen – darin geht es mir genauso wie Ihnen und jedem anderen Menschen auf der Welt. Der Kreis unten soll einen Menschen darstellen und die Sinuskurve einen Gemütszustand, der sich im Gleichgewicht befindet. Mit anderen Worten, diese Person spürt keine heftigen Gefühle.

Doch wenn die Person Angst hat, könnte sich folgendes Bild ergeben:

Unter Umständen möchte die verängstigte Person Ihnen sagen, wie ihr zumute ist, und teilt Ihnen mit, sie habe Angst, aber die Worte sind nicht die Erfahrung. Was Menschen über ihre Erfahrungen, Gedanken und Gefühle sagen, kann man sich als Code vorstellen. Aufgabe des Zuhörers ist es, die Worte zu entschlüsseln. Das sieht dann ungefähr so aus:

Gelegentlich ist die Botschaft vollkommen klar. Jemand sagt etwas wie: »Das laute Geräusch hat mich erschreckt« oder »Ich bin müde und möchte mich setzen«. Doch meistens ist es so, als sprächen wir alle eine Sprache, die einer Übersetzung bedarf. Der Zuhörer ist der Übersetzer. Daher könnte unser Diagramm nun so aussehen:

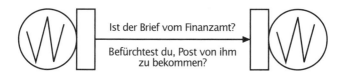

Nur durch Feedback können Sie sich davon überzeugen, dass Sie die Botschaft richtig entschlüsselt haben. Wenn deren Sinn richtig wiedergegeben worden ist, wird der andere etwas sagen, wie »richtig« oder »mmhmm« und fortfahren. Liegen Sie weit daneben, wird der Sprecher Sie korrigieren. »Nein, was ich meine, ist...« und erst dann fortfahren. Im Grunde genommen können Sie gar nichts falsch machen. Der Prozess korrigiert sich selbst.

Begeben Sie sich an irgendeinen Versammlungs-
ort – eine Bar, einen Vortragssaal, ein Theaterfoyer,
eine Sporthalle –, und Sie kommen sicherlich zu
dem Schluss, dass alle Welt redet und redet, dass
wir von Gerede umgeben sind. Doch hört uns jemand zu? Würden Sie die Leute an einem dieser
Orte befragen, würden sie die Frage sicherlich beja-
hen. Aber gewiss doch, alle hören zu. Schauen Sie
doch! Klar. Wir hören dem Fernsehen und Radio
zu. Wir hören Freunden, Ehepartnern, Söhnen und
Töchtern zu. Wir hören Stereoanlagen und Schau-
spielern zu. Wir hören Kollegen, Mitarbeitern, Vorgesetzten, Kunden und Beratern zu. Es hat ganz
den Anschein, als hörten wir allen zu.

Aber hören wir wirklich *zu*? Oder hören wir lediglich?

Eine unserer Kursleiterinnen erzählte mir vor
kurzem, sie habe in der Abflughalle eines Flugha-
fens gesessen und auf ihren Flug gewartet, als sie
ungewollt Zeugin eines recht nervösen Gesprächs
zwischen einer Mutter und ihrer fünf- bis sechs-
jährigen Tochter wurde. Das hörte sich etwa so an:

> **TOCHTER:** Aber ich *will* nicht ins Flugzeug. Ich
> will nicht. Ich will nach Hause.
> **MUTTER:** Du benimmst dich wie ein Baby.
> **TOCHTER:** Bin ich nicht. Ich will nur nicht ins
> Flugzeug.
> **MUTTER:** Wir steigen in dieses Flugzeug, ob du
> willst oder nicht. Also, halt den Mund!
> **TOCHTER:** Ich kann Daddy anrufen. Er kann
> doch kommen und mich mit nach Hause neh-
> men.

MUTTER (schnappt sich die Tochter und drückt sie heftig in den Sitz): Setz dich jetzt dahin und halt den Mund. Du wirst niemanden anrufen. Du setzt dich hin und Schluss. Also, *HALT JETZT ENDLICH DEN MUND!*

»Es war gut für meinen Gemütszustand«, so die Kursleiterin, »dass ich mich an Bord meines Flugzeugs begeben und die Halle verlassen konnte, wo ich ein heulendes kleines Mädchen und eine wütende Mutter zurückließ. Doch in 11 000 Meter Höhe spielte ich das Mutter-Tochter-Szenario wieder durch und fragte mich, was wohl geschehen wäre, wenn die Mutter versucht hätte, die Gefühle der Tochter zu verstehen. Ich vermute, die Tochter hatte Angst vorm Fliegen, und wenn die Mutter darauf eingegangen wäre, hätte sie etwas sagen können wie: ›Du hast wirklich Angst, ins Flugzeug zu steigen, und würdest lieber zu Hause bleiben.‹ Vermutlich hätte es genügt, die Gefühle des kleinen Mädchens einfach anzuerkennen, um sie zu zerstreuen.«

Ich bezweifle, dass die wütende Mutter aus der Abflughalle dieses Buch liest, doch Ihnen möchte ich einige der Dinge mitteilen, die ich übers Zuhören gelernt habe – was funktioniert und was nicht. Fangen wir von vorn an.

Feedback, das nicht funktioniert

Wir kennen alle die typischen Äußerungen, die gemacht werden, wenn jemand von seinem Problem spricht. Bei uns heißen sie *Kommunikationssperren* – weil sie genau das tun: Sie sperren die Kommunikation.

Es gibt zwölf Arten oder Kategorien von Kommunikationssperren. Als Beispiel soll uns die Äußerung des kleinen Mädchens dienen: »Ich will nicht ins Flugzeug. Ich will nicht. Ich will nach Hause.« Hören wir uns an, wie die verschiedenen Kommunikationssperren in diesem Fall klingen könnten:

1. **befehlen, anordnen, auffordern.** *Wir fliegen, also halt den Mund.*

2. **drohen, warnen.** *Wenn du nicht aufhörst zu jammern, dann sorg ich dafür, dass du Grund zum Jammern hast.*

3. **moralisieren, predigen.** *Brave Kinder weinen und quengeln nicht. Du solltest dich freuen, dass wir zu Oma fliegen.*

4. **Ratschläge erteilen, Lösungen vorgeben.** *Denk einfach an etwas anderes. Dann geht es dir gleich besser. Warum holst du dir nicht die Buntstifte aus der Tasche und malst ein paar Bilder?*

5. **Vorträge halten, belehren, Fakten liefern.** *In drei Stunden sind wir bei Oma.*

6. **Urteile fällen, Vorwürfe machen, kritisieren.** *Kein Kind auf dem ganzen Flughafen benimmt sich so unmöglich wie du.*

7. **loben, schmeicheln.** *Du bist doch ein großes und ein kluges Mädchen.*

8. **beschimpfen, lächerlich machen.** *Du benimmst dich wie ein Baby.*

9. **interpretieren, diagnostizieren, analysieren.** *Du willst mich nur in Verlegenheit bringen.*

10. **trösten, Sympathie bekunden.** *Armer Schatz! Reisen ist anstrengend, nicht wahr?*
11. **forschen, fragen, verhören.** *Warum benimmst du dich so?*
12. **zurückziehen, ablenken, ausweichen.** *Schau mal den großen roten Luftballon, den der kleine Junge dort drüben hat.*

Klingt Ihnen das vertraut im Ohr? Erinnern Sie diese Äußerungen an bestimmte Menschen, Orte und Ereignisse? Erinnern Sie sich an Zeiten, als Sie wütend waren und man Ihnen sagte, Sie sollten damit aufhören, oder man Ihnen den *wirklichen* Grund für Ihre Verstimmung mitteilte oder Ihnen den Rat gab, endlich erwachsen zu werden. Wissen Sie noch, wie Sie sich damals fühlten und was Sie taten, wenn Sie solches Feedback erhielten? Die meisten Menschen verstummen, gehen fort oder setzen – wie das kleine Mädchen auf dem Flughafen – ihre Bemühungen fort, Verständnis zu finden, meist ohne großen Erfolg.

Keine der Kommunikationssperren vermittelt Verständnis. Tatsächlich geht es dabei gar nicht um das, was der Sprecher sagt, sondern um den Zuhörer. Außerdem enthalten Sie verborgene Botschaften. Kommunikationssperre 1 bis 5 enthält die verborgene Botschaft: *Du bist zu dumm, um es selbst herauszufinden, deshalb sage ich es dir.* Die Kommunikationssperren 6 bis 11 unterstellen: *Mit dir stimmt etwas nicht* (und teilen in einigen Fällen wie *analysieren* und *diagnostizieren* gleich mit, was es ist). Kommunikationssperre zwölf übermittelt die verborgene Botschaft: *Es ist gefährlich, darüber zu sprechen* oder *Es ist mir unangenehm, davon zu hören.*

Gelegentlich werden Kommunikationssperren auch als Sprache der Nichtakzeptanz bezeichnet. Nun wissen wir aber, dass wir nur verstehen können, was ein anderer denkt und/oder fühlt, wenn wir diese Gedanken und Gefühle als etwas *akzeptieren* können, was für den anderen zumindest im Augenblick wahr und wirklich ist. Gefordert ist also die Sprache der *Akzeptanz*, ein Feedback, das Verständnis für die vom Sprecher geäußerten Gedanken und Gefühle signalisiert.

Fünf Werkzeuge des Zuhörens

Eines der wichtigsten Werkzeuge des Zuhörens, das Sie sich aneignen können, ist so nahe liegend, dass die meisten Menschen mich wie das siebte Weltwunder anblicken, wenn ich es ihnen sage. Hier ist es: *Halten Sie den Mund.*

Genau. Halten Sie den Mund. Sie können kaum zuhören, wenn Sie sprechen oder sich überlegen, was Sie als Nächstes sagen.

Betrachten wir ein zweites Werkzeug. Während Sie den Mund halten, müssen Sie Ihre Aufmerksamkeit auf den Sprecher richten. Menschen in »Helfer-Berufen« bezeichnen es als Zuwendung. Sie müssen sich dem Sprecher *zuwenden.* Stellen Sie Blickkontakt her, schauen Sie ihn an, nehmen Sie eine offene Körperhaltung an, bleiben Sie außerhalb seines persönlichen Raums, dessen, was man als Komfortzone bezeichnet. Für die meisten Menschen sind das ein bis zwei Meter. Da dieser höchst unterschiedlich ist, können Sie den besten Abstand herausfinden, indem Sie näher an den Sprecher heranrücken, bis Sie in seinen persönlichen Raum eindringen und er sich zurücklehnt; dann weichen Sie etwa dreißig Zentimeter zurück.

Manchmal wird von Ihnen als Zuhörer nicht mehr verlangt, als einfach da und ruhig zu sein, doch wenn Sie vollkommen verstummen, kann Ihr Gesprächspartner nicht wissen, ob Sie wirklich aufmerksam sind, deshalb ist ein drittes Werkzeug wichtig. Auch das hat einen Namen: *einfache Bestätigung.* Das ist allerdings eine etwas hochtrabende Bezeichnung für eine Reihe wenig spezifischer Äußerungen wie *Hmm, wirklich, echt* und weitere neutrale Einwürfe, die Sie mit Nicken und entsprechendem Mienenspiel begleiten können.

Hin und wieder fällt es Menschen schwer, einen Anfang zu finden. Oder sie sagen gar nichts, lassen aber an ihrem Verhalten, dem, was sie tun, erkennen, dass sie sprechen möchten. Sie weinen, schimpfen, lassen den Kopf hängen, schlurfen mit den Füßen oder signalisieren in irgendeiner anderen Form, dass etwas nicht stimmt. Werkzeuge für solche Anlässe sind offene Fragen wie: »Du scheinst (traurig, nervös usw.) zu sein. Möchtest du darüber sprechen?« oder Äußerungen wie: »Erzähl mir, was los ist«. Einladungen zum Reden, mehr nicht.

Trotz ihrer Nützlichkeit können ruhige Zuwendung, empathische Lautäußerungen und ähnliche

Werkzeuge nicht zeigen, dass Sie den Sprecher verstehen, sondern nur, dass Sie da sind und dem anderen Aufmerksamkeit entgegenbringen. Daher brauchen Sie das fünfte Werkzeug des Zuhörens: *Feedback.* Das war es, was unsere Kursleiterin gern bei der Mutter in der Abflughalle gesehen hätte – dass sie ihrer Tochter ein bisschen Feedback gegeben hätte.

Es ist nicht schwer. Sie müssen sich einfach daran erinnern, dass die Worte, die Menschen aussprechen, ein Code sind. Beispielsweise hat das kleine Mädchen auf dem Flughafen gesagt: »Ich will nicht ins Flugzeug. Ich will nicht. Ich will nach Hause.« Wenn Sie solche Äußerungen hören, sollten Sie sich fragen: »Wie sieht es in ihrem Inneren aus? Was fühlt sie?« Wir sind keine Gedankenleser. Es kann bestenfalls eine Vermutung sein, also halten Sie sich an Ihre beste. Meine Vermutung ist, dass das kleine Mädchen Angst hatte.

Es folgen einige Codes. Äußern Sie eine Vermutung. Wie könnte die wirkliche Botschaft lauten?

1. Ärgerlicher Nachbar sagt: »Mir stinkt der Job. Er ist langweilig und ich würde gern kündigen, aber die Kinder sind im College, und auch sonst ist da noch einiges zu bezahlen ... und wo finde ich eine andere Stellung, die so gut bezahlt wird?«

   Ihre Vermutung _____

   _____

2. Nervöse Kollegin sagt: »Hundertmal habe ich versucht, das Rauchen aufzugeben, aber ich schaffe es nicht. Was soll ich tun?«

Ihre Vermutung＿＿＿＿＿＿＿＿＿＿＿＿＿＿＿＿

＿＿＿＿＿＿＿＿＿＿＿＿＿＿＿＿＿＿＿＿＿＿＿

3. Schluchzende Tochter sagt: »Seit zwei Jahre gehe ich mit Barry, und jetzt sagt er, dass er sich mit anderen Mädchen treffen will. Was soll ich bloß machen?«

Ihre Vermutung＿＿＿＿＿＿＿＿＿＿＿＿＿＿＿＿

＿＿＿＿＿＿＿＿＿＿＿＿＿＿＿＿＿＿＿＿＿＿＿

Hier sind unsere Vermutungen. Im ersten Beispiel fühlt sich Ihr Nachbar wahrscheinlich durch seine finanzielle Situation angekettet, daher würde ein Feedback wie *»Du hättest gern einen interessanteren Job, aber bei deinen Verpflichtungen erscheint dir ein beruflicher Wechsel ziemlich riskant«* seine Gedanken und Gefühle ziemlich genau wiedergeben.

Im zweiten Beispiel könnten Sie eine Äußerung versuchen wie: *»Du bist entmutigt, weil all deine Versuche, das Rauchen aufzugeben, nicht geklappt haben.«*

Ihrer Tochter könnten Sie sagen: *»Du bist verletzt und weißt nicht, was du tun sollst.«*

Wie Ihnen vielleicht aufgefallen ist, schlossen in den drei genannten Fällen alle Sprecher mit einer

Frage. Antworten vom Zuhörer sind fast nie erwünscht oder erforderlich. Und abgesehen davon, was würden Sie Ihrer Tochter denn sagen? »Am besten, du vergiftest Barry!«?

Ich glaube eines der größten Hindernisse bei dem Versuch, ein effektiver Zuhörer zu sein, ist die Tendenz, alle Fragen zu beantworten, weil man den Drang verspürt, die Menschen und ihr Leben »in Ordnung zu bringen«, sich so zu verhalten, als wüsste man die beste Lösung für jede Situation. Wenn Sie beim Zuhören feststellen, dass Sie über Lösungen, Auswege und Antworten nachdenken, sind Sie auf dem Holzweg. Um den Sprecher zu verstehen, müssen Sie Ihre Gedanken auf die Gedanken und Gefühle richten, die er hat. Es ist der Weg, der sicherlich seltener beschritten wird, aber er ist von alles entscheidender Bedeutung.

Die Retter-Falle vermeiden

Wer würde die Menschen nicht liebend gern von den Problemen und dem Leid befreien, das sie haben? Das ist ein natürlicher Wunsch. Ein Informatiker würde es wohl so formulieren: Wir sind fest verdrahtet, alles zu tun, was in unserer Macht steht, um die Menschen, die wir lieben, zu behüten und zu beschützen. Wir möchten nicht, dass sie leiden. Doch gelegentlich finden wir uns in unseren Versuchen, Kummer zu lindern, Probleme zu lösen, Schwierigkeiten zu beseitigen und Leiden zu verhindern, in der Rolle des Retters wieder. *Retten* heißt nach unserer Definition, etwas für jemanden tun, das dieser ebenso gut – oder vielleicht besser – allein tun könnte. Die Einstellungen, die die Tendenz zum Retten fördern, schlagen sich in allen unseren Beziehungen nieder und wirken sich auf alle Beteiligten negativ aus. Rettung verlangt die Viktimisierung der Person, die gerettet werden soll. Retter sehen in anderen unfähige, inkompetente, ohnmächtige Opfer, die Hilfe brauchen. Diese Haltung bringt den Retter in die überlegene Position dessen, der fähig, kompetent, im Vollbesitz seiner Kräfte ist.

Je mehr Hilfe wir leisten, desto hilfloser werden die Empfänger der Hilfeleistung. Es klafft ein Riesenunterschied zwischen der Hilfe eines Retters und der Assistenz eines Nicht-Retters. Wenn beispielsweise jemand ertrinkt, retten Sie ihn, ziehen Sie ihn aus dem Wasser. Doch Anlässe, bei denen Menschen solche Hilfe brauchen, sind äußerst selten. Andererseits brauchen Menschen häufig Assistenz, eine Form des Beistands, die *mit* jemandem geleistet wird. Wir verwenden die Wörter *Hilfe* und *Assistenz* zwar synonym, doch bedeuten sie keineswegs dasselbe. Behalten Sie also im Gedächtnis, dass in Wirklichkeit Hilfe und Rettung dasselbe meinen.

- Retten heißt, die Probleme anderer Menschen in Besitz nehmen.
- Die Probleme anderer Menschen in Besitz nehmen, teilt ihnen mit, dass Sie sie für inkompetent halten.

- Für inkompetent gehalten zu werden verärgert die Menschen.
- Mit verärgerten Menschen lässt sich schwer umgehen.
- Und die Retter, die doch nur die besten Absichten haben, fragen sich, warum es einem andere Menschen so verdammt schwer machen, mit ihnen klarzukommen.

Noch ein Blick auf den Problembesitz

Menschen haben Probleme. Wenn das Problem eines anderen, beispielsweise der Kollegin, die das Rauchen nicht aufgeben kann, keine konkreten Auswirkungen auf Sie hat, ist es ganz offenkundig das Problem dieser Kollegin. Sie besitzt es. Falls ihr Verhalten sich jedoch auf Sie auswirkt, falls sie beispielsweise in Ihrem Büro raucht, ist es Ihr Problem. Sie besitzen es. Die Regel lautet: *Wer das Problem besitzt, muss es lösen.* Dazu mag die Assistenz anderer erforderlich sein, doch es bleibt Aufgabe des Problembesitzers, es zu lösen.

Werfen wir noch einmal einen Blick darauf. Beziehungen können drei Arten von Problemsituationen aufweisen. Erstens, jemand anders hat ein Problem. Zweitens, Sie haben ein Problem. Drittens, beide haben kein Problem, und wenn das der Fall ist, steht in der Beziehung viel problemfreie Zeit zur Verfügung. Bei hinreichend problemfreier Zeit ist alles ganz anders. Die Kommunikationssperren sind keine Sperren mehr. Sie können lachen, scherzen, herumalbern, necken und fast alles sagen, was Sie möchten, ohne die Intimität zu gefährden, die der Dialog mit Ihrem Partner herstellt. Es versteht sich von selbst, dass Paare, die sich ihre Gedanken und Gefühle mitteilen, die sich unterhalten, die über die Ereignisse und Vorfälle ihres Alltags reden, gute Aussichten haben, zusammenzubleiben.

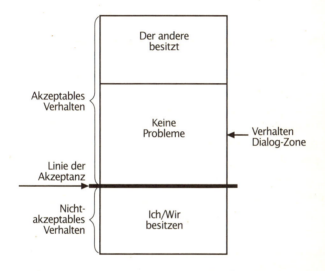

Bereits 1963 schrieb Reuel Howe ein interessantes kleines Buch mit dem Titel *The Miracle of Dialogue*, das erklärt, wie es kommt, dass Paare, die die problemfreie Zeit zum Dialog nutzen, Paare bleiben. Im ersten Absatz seines Buches erläutert er seine Grundprämisse. Sie lautet folgendermaßen:

»Jeder Mann (und jede Frau) ist ein potenzieller Feind, das gilt sogar für die Menschen, die wir lieben. Nur der Dialog kann uns von der Feindschaft erlösen, die jeder gegen jeden empfindet. Der Dialog ist für die Liebe, was das Blut für den Leib ist. Hört das Blut auf zu fließen, stirbt der Leib. Hört der Dialog auf, stirbt die Liebe, an ihrer Stelle werden Groll und Hass geboren. Doch der Dialog kann eine tote Beziehung heilen: Er kann eine Beziehung zum Leben erwecken, und er kann eine Beziehung, die bereits tot war, zu neuem Leben erwecken.«

KAPITEL SIEBEN

Gedanken zum Aktiven Zuhören

Jemand hat einmal gesagt, manchmal würden sich Menschen verhalten wie die Gegenstände, die Sir Isaac Newton zur Erläuterung seiner Bewegungsgesetze beschrieben habe. Newton sagte, Gegenstände in Ruhe blieben im Allgemeinen in Ruhe, und wenn sie bewegt seien, blieben sie im Allgemeinen bewegt. Wenn im Inneren eines Menschen Friede herrscht, wenn er keine heftigen Gefühle empfindet, bleibt er im Allgemeinen stumm, ist er in Ruhe. Doch wenn sich Konflikte ergeben oder wenn er starke Gefühle empfindet, stellt sich das Gefühl von Ungleichgewicht ein. Solche Menschen werden wie Newtons bewegte Körper, die die Tendenz haben, bewegt zu bleiben. Sie sind aus dem Gleichgewicht geraten und möchten etwas tun, um das Gleichgewicht wieder herzustellen. Häufig besteht dieses Etwas darin, dass sie sprechen. Dann brauchen sie einen Resonanzboden, jemanden, dem sie zutrauen, dass er ihnen empathisch zuhören wird.

Worauf beruht die Wirkung von empathischem Zuhören? Die beste Antwort, die ich Ihnen geben kann, lautet, dass es der verstimmten oder im Konflikt befindlichen Person die Möglichkeit gibt, ihre Erfahrung zu vervollständigen. Es gibt eine Theorie, die besagt, dass Erfahrungen, die vollständig erfahren werden, verschwinden. Nur noch die Erinnerung an die Erfahrung bleibt übrig. Zum Beweis dieser Theorie können Sie das nächste Mal, wenn Sie Kopfschmerzen haben, eine Übung machen.

- Setzen Sie sich und schließen Sie die Augen. Tun Sie ein paar tiefe Atemzüge und entspannen Sie sich.
- Sobald Sie entspannt sind, blicken Sie in Ihren Kopf hinein und suchen Sie den Schmerz.
- Wo befindet er sich? Hat er eine Form? Wie groß ist er? Welche Farbe hat er? Wie viel Wasser kann er fassen?
- Wiederholen Sie diese Fragen, bis Sie den Kopfschmerz nicht mehr finden können.

In der Regel ist man von dem Schmerz befreit, sobald man die Fragen zwei- oder dreimal abgearbeitet hat, lassen Sie sich aber nicht entmutigen, wenn es länger dauert. Die Fragen sollen Ihre Aufmerksamkeit auf den Kopfschmerz lenken, also das Gegenteil dessen bewirken, was Ihnen die natürliche Tendenz nahe legt, nämlich jeden Gedanken daran zu vermeiden. Wenn Sie sich auf den Kopfschmerz konzentrieren, zwingen Sie sich, den Schmerz zu erleben, oder erfahren und bringen ihn auf diese Weise zum Verschwinden. Vielleicht ist es für Sie leichter oder wirksamer, wenn Ihnen die Fragen von jemand anders gestellt werden, sodass Ihre ganze Aufmerksamkeit dem Kopfschmerz gehört und Sie sie nicht zwischen dem Schmerz und den Fragen teilen müssen.

Erinnern Sie sich an die Mutter und die Tochter im Flughafen? Hätte die Mutter vermutet, dass ihre kleine Tochter Angst hatte, und etwas gesagt wie »Du hast Angst vor dem Flugzeug. Möchtest du lieber nach Hause?«, dann hätte sich diese Angst, so haben wir oben vermutet, vielleicht verringert und nach einigen weiteren Zuhör-Reaktionen unter Umständen ganz verflüchtigt.

Genau das leistet Aktives Zuhören; es hilft den Leuten, das Leid und die Verstimmungen, die sie empfinden, zu vertreiben. Es besteht wohl kein Zweifel daran, dass diese Art des Zuhörens eine wirksame Vorbeugung für viele, wenn nicht die meisten emotionalen Probleme ist, die sich in allen unseren Beziehungen ergeben. Und es kostet uns nichts.

Ihre Aufgabe als Zuhörer ist:
1. aufmerksam zu sein;
2. Kommunikationssperren zu vermeiden;
3. die Rolle des Retters zu verweigern;
4. Ihr Verständnis, Ihre ehrliche Vermutung dessen, was der Sender sagt und fühlt, die »entschlüsselte« Botschaft, als Feedback zurückzugeben.

Beispielsweise sagt jemand: »Ich habe Angst vor Computern ...«, während er in Wirklichkeit erzählen möchte, wie wütend er auf seine Frau ist. Häufig beginnen die Menschen mit einem sicheren Thema, um zu überprüfen, ob sie über ihr wirkliches Problem sprechen können. Wenn der Zuhörer dann etwas Tröstliches von sich gibt, dem anderen erklärt, er solle sich keine Sorgen machen, es gäbe gar nichts zu befürchten, oder ihm rät, einen Computerkurs zu besuchen, wird das wirkliche Problem wahrscheinlich verborgen bleiben.

Ich wünschte, ich könnte ein Institut finden, dass den Menschen das Zuhören beibringt. Ein guter Manager muss nämlich mindestens so lange zuhören wie selber reden. Viel zu wenigen wird klar, dass wirkliche Kommunikation in zwei Richtungen geht.

Lee Iacocca
Ehemaliger Vorstandsvorsitzender der Chrysler Corporation

Fehler beim Zuhören

Wenn man Menschen richtig zuhört, reden sie noch eine Zeit lang weiter. Es ist falsch, wenn Sie zuhören, obwohl Sie es eigentlich nicht wollen oder keine Zeit haben. Schließlich senden Sie nonverbale Signale aus – etwa, indem Sie nervös herumzappeln oder auf die Uhr schauen –, daher können Sie genauso gut ehrlich sein und dem anderen mitteilen, dass Sie noch etwas Dringendes vorhaben und sich mit ihm, wenn es passt, zu einem späteren Zeitpunkt verabreden.

In eine andere Falle tappen Sie, wenn Sie zuhören, obwohl Sie keine Akzeptanz empfinden und den Wunsch verspüren, der andere möge sich ändern. Aktives Zuhören setzt eine Art emotionale Trennung zwischen dem Zuhörer und dem Sprecher voraus, die Bereitschaft, ihn genau so zu lassen, wie er ist. Liegt diese Trennung nicht vor, können Sie nicht richtig zuhören. Wenn Sie keine Akzeptanz empfinden und möchten, dass der andere sich ändert, haben Sie das Bedürfnis, zu sprechen, nicht zuzuhören.

Ein anderer Fehler besteht darin, sich mit Hilfe der Fertigkeiten des Zuhörens Informationen zu verschaffen, die Sie in irgendeiner Weise verwenden können. Das ist manipulativ und wird Ihnen angekreidet werden.

Wer Zuhören als »Technik« auffasst, unterliegt einem Missverständnis. Aktives Zuhören hat die Aufgabe, Verständnis zu vermitteln, dem Sprecher zu assistieren, nicht, eine Fertigkeit unter Beweis zu stellen. Kurz vor dem Ende eines Kurses beauftragen unsere Trainer die Teilnehmer, die Eingangsphase zu üben. Dabei sollen sie sich an Familienmitglieder, Mitarbeiter und andere Menschen halten, die nicht am Kurs teilgenommen haben und die möglicherweise neugierig, ängstlich, furchtsam oder widerstrebend sind. Es ist von großer Bedeutung, dass niemand glaubt, er hätte etwas gelernt, was er jetzt auf ihn »anwendet«. Es gibt kein Geheimnis. Wenn die Menschen interessiert sind, sollten Sie ihnen berichten, was Sie gelernt haben. Schenken Sie ihnen zum Beispiel dieses Buch.

Es folgen weitere Möglichkeiten, das Aktive Zuhören zu vermasseln:

1. Gefühle übertreiben (zu Tode erschreckt, statt besorgt)
2. Gefühle herunterspielen (verstimmt, statt knallwütend)
3. Die Botschaft des anderen durch Ratschläge oder eigene Gedanken ergänzen
4. Einen Teil oder Teile der Botschaft des anderen weglassen
5. Altes aufwärmen, frühere Botschaften rückmelden
6. Vorgreifen, antizipieren, was der Sprecher sagen will
7. Die Botschaft des Sprechers Wort für Wort wiederholen
8. Die Botschaft interpretieren oder analysieren

Diese acht Fehler sind Versuche, den Sprecher zu dirigieren oder zu gängeln. Dabei steht mehr der Zuhörer als der Sprecher im Vordergrund.

Damit Sie nicht glauben, zuhören sei einfach zu kompliziert, zu sehr mit Regeln und Fallen beladen, folgt jetzt die gute Nachricht. Sie müssen sich nicht jede einzelne Regel einprägen, brauchen nicht zu befürchten, Sie schaffen es nicht und vermasseln alles. Lassen Sie uns das ein bisschen erläutern.

Kennen Sie das Sprichwort von dem Weg zur Hölle, der mit guten Vorsätzen gepflastert ist? Nun, das Sprichwort ist falsch. Der Weg zur Hölle ist mit *schlechten* Vorsätzen gepflastert. Vorsätze liefern die Energie für unser Handeln. Wenn Sie sich vornehmen, dieses Buch weiterzulesen, dann tun Sie es auch. Sie lesen es so lange weiter, bis Sie sich vornehmen aufzuhören. Sie sehen, worum es geht.

Nun, aktive Zuhörer handeln vorsätzlich. Sie nehmen sich vor, ihr Verständnis für das, was andere sagen, mitzuteilen, und die anderen bemerken diesen Vorsatz. Wenn Sie sich vornehmen, die Menschen zu verstehen, fühlen sie sich natürlich auch verstanden. Vorsätze liefern die Energie, Techniken und Fertigkeiten sind die Werkzeuge, die Mittel, diesen Vorsatz umzusetzen.

Gelegentlich, das hängt ein bisschen von Ihrem Beruf ab, müssen Sie zwischen anderen vermitteln, ihnen dabei helfen, aufeinander einzugehen und ihre zwischenmenschlichen Probleme zu lösen. Bei solchen Gelegenheiten können Sie die Fertigkeiten des Zuhörens mit großem Nutzen anwenden.

Als Beispiel folgt die Abschrift der Tonbandaufzeichnung einer Sitzung zwischen einem Highschool-Direktor und zwei Mädchen, die sich in einer Toilette geprügelt hatten und aus disziplinarischen Gründen zu ihm geschickt worden waren.

DIREKTOR: Ich habe gehört, ihr beide habt euch auf der Toilette geprügelt.

KIM: Viel geprügelt haben wir uns nicht. Die anderen gehen immer so schnell dazwischen. Nie lassen sie es uns austragen.

DIREKTOR: Soll ich den Schreibtisch und den Aktenschrank beiseite schieben, damit ihr

85

	euch hier prügeln könnt, bis ihr keine Lust mehr habt?
KIM:	Das will ich nicht. Prügeln ist blöd.
DIREKTOR:	Du glaubst, Prügeln löst das Problem nicht wirklich?
KIM:	Genau. Das ist ein blöder Vorschlag, weil er die Sache nur schlimmer macht.
DIREKTOR:	Dir gefällt die Idee also nicht. Hast du dann irgendwelche Vorschläge, wie wir das Problem lösen können?
DENISE:	Warum schließen Sie uns nicht vom Unterricht aus ...? Das wird sonst immer gemacht, aber eine Lösung bringt das auch nicht.
DIREKTOR:	Du glaubst, ein Unterrichtsausschluss bringt keine Lösung?
DENISE:	Nein, der macht die Sache nur noch schlimmer, denn dann prügeln wir uns draußen weiter.
DIREKTOR:	Euch auszuschließen würde die Prügelei nur auf einen späteren Zeitpunkt verschieben?
KIM:	Genau. Dann prügeln wir uns auf einem Feld wie zwei Köter, die sich beißen, und hinterher kommt man sich total bescheuert vor.
DIREKTOR:	Wenn ihr euch prügelt, seid ihr hinterher nicht besonders zufrieden mit euch.
DENISE:	Sie sagen es.
DIREKTOR:	Ich bin eurer Meinung und denke, ein Ausschluss vom Unterricht wäre keine gute Lösung. Mir scheint, damit hätte die

| | Schule zwar das Problem vom Hals, hätte aber nicht wirklich versucht, euch bei der Lösung zu helfen. Ich würde euch wirklich gern helfen. |

KIM: Können wir darüber sprechen?

DIREKTOR: Du glaubst, über diese Art von Verhalten zu reden, könnte hilfreich sein?

KIM: Ja.

DIREKTOR: (wendet sich an Denise) Bist du mit dem Vorschlag einverstanden?

DENISE: Wir können's ja mal versuchen. Besser als ein Ausschluss ist es allemal.

DIREKTOR: Ich denke auch, dass darüber sprechen besser ist, als es zu unterbinden, indem ich euch für drei Tage vom Unterricht ausschließe. Schauen wir mal, was daraus wird. Wer möchte anfangen?

KIM: Na ja, es ist wirklich ziemlich blöd.

DIREKTOR: Ihr habt euch wegen etwas geprügelt, was eigentlich kein Anlass war?

DENISE: Genau. Eigentlich hatte es gar nichts mit uns zu tun.

DIREKTOR: Das hört sich an, als hätte das Ganze mit einer Sache begonnen, die euch gar nicht betraf.

DENISE: Doch, schon. Meine kleine Schwester hat mich gestern in ihr Zimmer gerufen und mir gesagt, Kim hätte angerufen und gesagt, wenn ich nicht aufhören würde, sie zu beschimpfen, würde sie in der Schule mit mir abrechnen. Dabei beschimpfe ich sie gar nicht. Sie macht mich an. Sie hat gesagt, ich sei eine Zicke, und das lass ich mir von niemandem sagen.

DIREKTOR: Du hasst es, wenn man dich beschimpft.

DENISE: Klar, wer nicht?

DIREKTOR: Niemand lässt sich gern beschimpfen.

DENISE: Genau. Vor allem, wenn es nicht stimmt. Ich bin keine Zicke, und wenn sie es sagt, dann raste ich eben aus!

DIREKTOR: Wenn man etwas zu dir sagt, was nicht stimmt, macht dich das böse.

DENISE: Ja!

KIM: Hören Sie, ich hab sie gar nicht als Zicke beschimpft. Ihre kleine Schwester und meine hatten Streit, und sie war es, die sie eine Zicke genannt hat, als sie gestern Abend telefoniert haben. Ich war das gar nicht.

DIREKTOR: Schaun wir mal, ob ich das richtig verstanden habe. Deine kleine Schwester hat gestern bei Denise angerufen und sie eine Zicke genannt.

KIM: Genau.

DENISE: Es hat sich aber angehört, als wärst du es, Kim.

KIM: Ich war es aber nicht. Schade, dass sie nicht hier ist. Ich würde schon dafür sorgen, dass sie mit der Wahrheit herausrückt. Sie soll mich nicht immer in ihre Probleme hineinziehen.

DIREKTOR: Du möchtest, dass deine Schwester ihre Probleme selbst löst.

KIM: Und ob! Ich hab genug eigene.

DENISE: Wenn du das nicht am Telefon warst, tut es mir Leid.

KIM: Schon gut. Sie hätte dich nicht Zicke nennen dürfen.

DIREKTOR: Ich habe den Eindruck, euch beiden tut es Leid, was geschehen ist, und ihr habt eure Entschuldigungen angenommen.

KIM: Was für ein blöder Grund, sich zu prügeln.

DIREKTOR: Es war kein Grund für eine Prügelei.

DENISE: Wissen Sie, was? Ich bin froh, dass es vorbei ist.

DIREKTOR: Du bist erleichtert, dass die Angelegenheit aus der Welt geschafft ist.

DENISE: Genau.

KIM: Ich auch.

DIREKTOR: Könnten wir eine Vereinbarung treffen, bevor ich euch in den Unterricht zurückschicke?

DENISE: Mehr tun Sie nicht?

DIREKTOR: Du denkst, ich sollte mehr tun?

DENISE: Eigentlich nicht. Doch bisher habe ich jedes Mal Ärger gekriegt oder bin ausgeschlossen worden, wenn ich mich geprügelt hatte.

DIREKTOR: Das ist neu für dich.

DENISE: Das können Sie laut sagen. Aber ich find es gut.

DIREKTOR: Du bist einverstanden mit der Art und Weise, wie wir das Problem gelöst haben?

DENISE: Klar.

DIREKTOR: Okay, kommen wir nun zu dieser anderen Vereinbarung. Wäret ihr beide damit
einverstanden, dass ihr das nächste Mal,
wenn ihr den Wunsch verspürt, euch mit
jemandem zu prügeln, zu mir kommt
und wir erst einmal versuchen, darüber
zu sprechen und das Problem gerecht zu
lösen? Ist das in Ordnung?

BEIDE: Ja.

DIREKTOR: Gut, dann könnt ihr wieder in den Unterricht gehen.

Der Direktor verließ sich fast ausschließlich auf
seine Fertigkeiten zum Zuhören, um den Mädchen
zu helfen, sich über ihre Gefühle klar zu werden,
einander zu verstehen und zu einer Einigung zu
kommen. Wie er berichtete, sind die Mädchen später gute Freundinnen geworden.

Es folgt ein Gedicht von einem unbekannten Au-
tor über das Zuhören. Diese Zeilen bringen verschiedene Erwartungen zum Ausdruck, die wir an
Partner und Freunde stellen.

Zuhören

Wenn ich dich bitte,
mir zuzuhören
Und du fängst an,
mir Ratschläge zu geben,
Dann tust du nicht,
worum ich dich bitte.

Wenn ich dich bitte,
mir zuzuhören,
Und du fängst an, mir zu erzählen,
warum
Ich so und nicht anders fühlen muss,
Trampelst du auf meinen Gefühlen herum.

Wenn ich dich bitte, mir zuzuhören,
Und du denkst, du musst etwas tun,
Um mein Problem zu lösen,
Hast du mich nicht verstanden,
So merkwürdig das klingen mag.

Hör zu!
Alles, worum ich dich bitte,
Ist zuzuhören, nicht zu sprechen
Oder etwas zu tun ...
nur, mir zuzuhören.
Guter Rat ist nicht teuer.
Für ein paar Cent kriegst du ihn von
Dear Abby und Billy Graham
in jeder Zeitung.

Ich kann selbst für mich sorgen.
Ich bin nicht hilflos.
Vielleicht mutlos
Und unsicher, aber nicht hilflos.

Wenn du etwas für mich tust,
Was ich selbst für mich tun kann,
Verstärkst du meine Angst
Und Unzulänglichkeit.

Doch wenn du es hinnimmst
Als einfache Tatsache, dass ich
Fühle, was ich fühle,
Egal, wie unvernünftig es dir vorkommt,
Brauche ich nicht mehr zu versuchen,
Dich zu überzeugen,
Und kann mich endlich
meinem Anliegen zuwenden:
Herauszufinden, was sich hinter
Diesem irrationalen Gefühl verbirgt.

Wenn das klar ist, liegen die Antworten
Auf der Hand, und ich brauche keinen Rat.
Irrationale Gefühle
offenbaren ihren Sinn, wenn
Wir verstehen,
was sich hinter ihnen verbirgt.

Vielleicht ist das der Grund,
warum Gebete wirken –
Manchmal für manche Menschen ... weil
Gott stumm ist, und keine Ratschläge
Erteilt oder versucht,
die Dinge in Ordnung zu bringen.
Er (oder sie) hört einfach zu
Und lässt es uns selbst herausfinden.

Also hör mir zu, hör mich einfach an,
Und wenn du sprechen möchtest,
warte eine Minute,
Bis du dran bist ...
dann hör ich dir zu.

Das Beziehungs-Credo
TEIL DREI

Wenn dein Verhalten meine Bedürfnisse beeinträchtigt, werde ich dir offen und ehrlich sagen, was mich stört, im Vertrauen darauf, dass du versuchen wirst, das Verhalten zu verändern, das ich nicht akzeptabel finde. Falls ich mich nicht akzeptabel verhalte, erwarte ich umgekehrt von dir, dass du mir offen und ehrlich sagst, was dich stört, sodass ich die Möglichkeit habe, mein Verhalten zu ändern.

KAPITEL ACHT

Die Sprache der Wahrheit

Ein Eckpfeiler gesunder Beziehungen ist Ehrlichkeit. Vor nicht allzu langer Zeit fragte ich eine Gruppe von Freunden und Nachbarn, für wie ehrlich sie sich hielten. Ich sagte: »Stuft euch auf einer Skala von 1 bis 10 ein, wobei 10 heißt ›fast immer ehrlich‹ und 1 ›fast nie ehrlich‹.« Nahezu alle Teilnehmer an meiner unwissenschaftlichen Erhebung stuften sich bei 8 oder höher ein. Ich denke, so würde sich wohl die überwiegende Mehrheit beurteilen.

Die meisten Menschen sind ehrlich, schummeln nicht bei der Einkommenssteuer, begehen keine Ladendiebstähle, halten ihre Versprechen, sind korrekt in ihren Geschäften und im Allgemeinen vertrauenswürdig. Doch dieselben ehrlichen Menschen gehen höchst nachlässig mit der Wahrheit um, wenn sie ärgerlich sind oder sich nicht akzeptiert fühlen. Nehmen wir beispielsweise an, Ihre halbwüchsige Tochter kommt nach Mitternacht von einer Party nach Hause, mehr als eine Stunde nach der vereinbarten Zeit, und sagt: »Hi, tut mir Leid, dass ich zu spät komme.« Sie sind unruhig hin und her gelaufen, haben sich Sorgen gemacht und gefragt, was passiert sein könnte. Warum ruft sie nicht an? Hat sie einen Unfall gehabt? Was würden Sie sagen? Kommt Ihnen eine der folgenden Äußerungen vertraut vor?

1. Weißt du eigentlich, dass du über eine Stunde zu spät kommst? Wo bist du die ganze Zeit gewesen?
2. Warum hast du nicht angerufen? Wie gedankenlos von dir!
3. Geh sofort auf dein Zimmer. Du hast Stubenarrest!

Erkennen Sie diese Elternbotschaften wieder? Sie sollten es. Es handelt sich um Kommunikationssperren, genauer gesagt, um *verhören, beschimpfen* und *befehlen* ... lauter Botschaften über die Tochter, keine über Mutter oder Vater, über deren Sorgen und Gefühle.

Und wer hatte in diesem Szenario ein Problem? Doch wohl nicht die Tochter. Jedenfalls nicht, bis sie es mit der ärgerlichen Mutter zu tun bekam, die sehr wohl ein Problem hatte. Oben haben wir gesagt, dass Problembesitzer ihre Probleme selbst lösen müssen, und um dieses Problem zu lösen, musste die Mutter sprechen, und das tat sie auch. Doch es gibt einen Unterschied zwischen sprechen und der Art von Sprache, die die ärgerliche Mutter verwendete, eine Sprache, die wahrscheinlich neue und potenziell schlimmere Probleme heraufbeschwor. Die ärgerliche Mutter hätte eine direktere, genauere Art des Sprechens benötigt. Darum geht es in diesem Kapitel.

Kehren wir noch einmal zum Verhaltensfenster zurück und betrachten wir die Begriffe des Problembesitzes und des angemessenen Verhaltens. Verhaltensweisen, die Sie im oberen Teil des Fens-

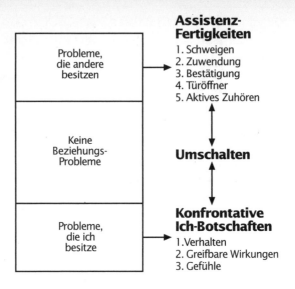

ters sehen, sind akzeptabel, okay für Sie. Gibt es Probleme, so gehören sie jemand anders. Doch Verhaltensweisen, die im unteren Teil des Fensters auftreten, sind nicht akzeptabel für Sie. Sie besitzen Sie, weil Sie derjenige sind, der etwas mit ihnen zu tun hat. Das mittlere Drittel ist der problemfreie Bereich, wo die Beteiligten fast alles tun können, ohne Schwierigkeiten heraufzubeschwören.

Auf der rechten Seite listen wir die Fertigkeiten auf, die in den Situationen angemessen sind. Assistenz-Fertigkeiten für das obere Drittel, und konfrontative Fertigkeiten für das untere Drittel.

»Das ist hilfreich«, hat man uns gesagt. »Es sagt mir, was ich tun kann, je nachdem, was passiert und was ich dabei fühle. Wenn ein Kollege einen schlechten Tag hat, dann sehe ich das im oberen

Teil meines Fensters. Der Kollege besitzt seinen schlechten Tag. In solchen Situationen bin ich am nützlichsten, wenn ich zuhöre. Doch wenn er sich auf meinen reservierten Parkplatz stellt, muss ich herumfahren und nach einem anderen Platz suchen, mit dem Ergebnis, dass ich wahrscheinlich zu spät komme. Das ist nicht okay. Das gehört in das Ich-besitze-Feld. Jetzt höre ich nicht zu. Jetzt rede ich. Ich konfrontiere die Person, die sich auf meinen Parkplatz gestellt hat.«

Konfrontation

Theoretisch ist die Konfrontation einfach. In der Praxis ist sie nicht ganz so einfach. Um wirklich erfolgreich zu sein, müssen der Inhalt einer konfrontativen Botschaft und die besondere Sprache, die Sie verwenden, vier Kriterien erfüllen.

1. Die Botschaft muss mit hoher Wahrscheinlichkeit eine hilfreiche Veränderung hervorrufen.
2. Sie darf die Selbstachtung des anderen nicht beeinträchtigen.
3. Sie darf die Beziehung nicht beschädigen.
4. Sie muss die Lösung, die Möglichkeit, das Problem zu beseitigen, offen lassen.

Ich kenne nur eine einzige Art zu sprechen, die diese Kriterien erfüllt, und sie setzt voraus, dass wir von der kulturellen Norm der gängelnden, vorwurfsvollen, kritischen Du-Sprache auf eine ganz andere Sprache umschalten.

Wie die ärgerliche Mutter im obigen Beispiel bringen fast alle Menschen nicht akzeptable Verhaltensweisen zur Sprache, indem sie die »ungehörige« Person beschreiben. Sie sagen Dinge wie

Du bist unverschämt
Hör damit auf (das »Du« ist impliziert)
Du nimmst keine Rücksicht auf mich
Du wirst es nie zu etwas bringen
Du bist gedankenlos
... und so weiter und so weiter.

Solche Botschaften sind besonders verletzend, weil sie die Person angreifen, ihre Motive oder ihren Charakter, nicht das, was sie getan oder gesagt hat, also das unerwünschte Verhalten.

Ein Pronomenwechsel

So simpel es auch erscheinen mag, ein Umschalten in der Art und Weise, wie Sie mit den Menschen reden, vor allem mit denen, mit denen Sie Schwierigkeiten haben, kann die Qualität Ihrer Beziehungen erheblich verbessern. Der Anfang ist einfach: Ersetzen Sie die Du-Botschaften über den anderen durch die Besitz-Sprache. Sprechen Sie in der ersten Person, über sich selbst. Verwenden Sie das Pronomen »ich«.

Einige der folgenreichsten Äußerungen unseres Lebens beginnen mit »ich«. Zum Beispiel kann der einfache Aussagesatz *Ich liebe dich* Menschen bekanntlich Tränen in die Augen treiben ... ganz im

Gegensatz zu der wertenden Du-Botschaft »Du bist liebenswert«, die in der Regel keinen großen Eindruck hinterlässt. *Wenn Sie möchten, dass die Menschen Sie verstehen, müssen Sie über sich selbst sprechen.*

Ich möchte, ich denke, ich fühle, ich weiß und so fort. Was könnte einfacher sein?

Schlichte Ich-Aussagesätze sind ein guter Anfang, doch sie werden kaum genügen, um nicht akzeptable Verhaltensweisen zu konfrontieren. Dazu brauchen Sie zwei- oder dreiteilige Botschaften.

Erstens und vor allem müssen Sie dem anderen genau mitteilen, durch welche Handlungen oder Äußerungen er Ihnen Probleme verursacht, sonst weiß er nicht, worüber Sie sprechen. Weiterhin müssen Sie ihm mitteilen, inwiefern Sie sich durch die Handlungen oder Äußerungen gestört fühlen und was für Empfindungen Sie in Ihnen hervorrufen. Das sind drei Teile:

1. eine vorwurfsfreie Beschreibung;
2. eine greifbare, konkrete Wirkung des Verhaltens (die großen Drei: Zeit, Geld, Mühe) auf Sie;
3. die Gefühle, die Sie haben, weil Sie diesen Preis zahlen müssen.

Wohlgemerkt, ich habe von einer *vorwurfsfreien* Beschreibung des nicht akzeptablen Verhaltens gesprochen. Vermeiden Sie Verallgemeinerungen wie *immer* oder *nie* und hüten Sie sich vor emotional besetzten Wörtern und Sätzen. Mit Ihrer Konfrontation verfolgen Sie den Zweck, Verhalten zu verändern, nicht zu schulmeistern oder zu bestrafen.

Nehmen wir das Parkproblem. Eine Konfrontationsbotschaft könnte sich folgendermaßen anhören: *Wenn mein reservierter Parkplatz besetzt ist* (die vorwurfsfreie Beschreibung des nicht akzeptierten Verhaltens), *muss ich herumfahren und nach einem anderen suchen. Dann muss ich ein paar Blöcke zu Fuß gehen, sodass ich zu spät komme* (greifbare Wirkung) *und ärgerlich bin* (Gefühl).

Wenn Sie mir das sagen würden (und ich mich tatsächlich auf Ihren Parkplatz gestellt hätte), würde ich mich wahrscheinlich entschuldigen, vielleicht auch erklären, warum ich es getan hätte, und Ihnen versprechen, dass es nicht wieder vorkäme.

Es gibt verschiedene Gründe, warum Menschen Konfrontationen scheuen. Zunächst einmal haben fast alle etliche schlechte Erfahrungen damit gemacht, dass sie konfrontiert haben oder wurden. Kein Wunder. Konfrontationen mittels Du-Botschaften können verletzen, Beziehungen beschädigen, oft ungenau sein und Menschen auseinander bringen.

Manche glauben, die anderen seien emotional nicht stabil genug, um mit Konfrontationen umzugehen. Nach unserer Erfahrung ist das nicht zutreffend, wenn die konfrontativen Botschaften Ich-Äußerungen sind. Verletzend ist die Du-Sprache. Wieder andere ringen sich nur schwer zu Konfrontationen durch, weil sie befürchten, man würde sie nicht mögen, wenn sie sich konfrontativ verhalten. Auch dieser Vermutung liegen frühere Erfahrungen mit feindseligen Du-Botschaften zugrunde. Doch glauben Sie uns, Sie bewirken ganz andere Reaktionen, wenn Sie die Ich-Sprache verwenden.

Immer und immer wieder berichten uns Menschen, dass zweierlei geschieht, wenn sie auf selbstenthüllende Ich-Botschaften umschalten. Erstens, häufig verändern die Angesprochenen ihr nicht akzeptables Verhalten *einfach so.* Zweitens, da die Botschaften die Sprecher, nicht die konfrontierten Personen betreffen, ist die Gefahr, Gefühle zu verletzen oder Verärgerung zu bewirken, viel geringer.

Bleiben Sie aktuell

Manche Menschen, die die Sprache der Selbstenthüllung gelernt haben, beschließen, wie es eine Frau ausdrückte, reinen Tisch zu machen. Sie stellen Listen mit Leuten auf, die sie konfrontieren möchten, wobei sie häufig alte Wunden aufreißen, die man besser hätte ruhen lassen. Psychologen nennen das »hamstern« (*Gunny Sacking*) – die Beschwerden werden lange gesammelt, um dann in einer großen Abrechnung präsentiert zu werden – etwas, womit kaum jemand umgehen kann.

Am besten ist es, aktuell zu bleiben. Sprechen Sie die Dinge an, wie sie kommen. Geben Sie den Menschen die Möglichkeit, ihre nicht akzeptablen Verhaltensweisen zu verändern, weil Sie sie achten und mögen und Wert auf die Beziehung zu Ihnen legen. Dann gibt es keine alten Wunden, die aufgearbeitet werden müssen. Außerdem lässt sich an der Vergangenheit sowieso nichts ändern. Das kann niemand. Vergessen Sie sie also.

Verhalten

Unsere Kursleiter sind schon lange nicht mehr erstaunt, wenn Teilnehmer, die aufgefordert werden, das Verhalten von jemandem zu beschreiben, anstelle des Verhaltens eine Vielzahl von Wertungen und Interpretationen aufzählen. Verhaltensweisen sind zu beobachten. Sie sind quantifizierbare Phänomene, auf die sich unabhängige Beobachter einigen können. Eine Videokamera zeichnet Verhaltensweisen auf ..., beurteilt sie aber nicht. Verhaltensweisen sind das, was Menschen tun und sagen.

Wenn Sie also das Verhalten von jemandem beschreiben, sollten Sie Annahmen, Schlussfolgerungen und Urteile über Verhaltensweisen vermeiden. Fähigkeiten sind keine Verhaltensweisen, ebenso wenig wie Unverschämtheit, Nervosität, schlechte Laune, Großzügigkeit, Bescheidenheit, Intelligenz und hunderte anderer Eigenschaften, die häufig fälschlicherweise als Verhaltensweisen eingestuft werden. Wenn Sie jemanden konfrontieren, sollten Sie der Videokamera nacheifern – nicht urteilen, einfach das beanstandete Verhalten beschreiben, das, was Sie sehen und hören können, in der vorwurfsfreiesten Art, die Ihnen möglich ist. Beispielsweise kann jemand ohne Schwierigkeiten aufhören zu schreien, aber nicht, rücksichtslos zu sein. Wenn Sie also sagen *Du schreist so laut, dass ich mich nicht konzentrieren kann*, wird die laute Person weit eher zu schreien aufhören, als wenn Sie gesagt hätten: *Du bist unhöflich und rücksichtslos.* Nach meiner Erfahrung haben Menschen die Neigung, mit Annahmen, Schlussfolgerungen, Urteilen und Interpretationen zu argumentieren. Möchten Sie einen Streit vom Zaun brechen, gibt es nichts Geeigneteres als Annahmen, Schlussfolgerungen, Urteile und Ähnliches. Doch wenn Sie das Verhalten des anderen ändern möchten, müssen Sie über das *Verhalten* sprechen, über das, was der andere tut oder sagt.

Ärger

Wenn Sie genügend Zeit haben, tun Sie gut daran, dreiteilige Konfrontationsbotschaften aufzuschreiben, bevor Sie sie übermitteln. Auf diese Weise haben Sie Gelegenheit, Ihre Äußerungen zu überarbeiten, präziser zu formulieren und ihnen den letzten Schliff zu geben, damit Sie genau das zum Ausdruck bringen, was Sie sagen möchten. Wir können es Ihnen nur empfehlen, besonders, wenn Sie den Umgang mit der Ich-Sprache noch lernen.

Einige unserer Kursteilnehmer, die sich dieser Art der Vorbereitung unterzogen, haben bemerkt, dass viele ihrer Botschaften mit *Ich bin ärgerlich* endeten, und sie fragten sich, ob das in Ordnung sei, ob mit ihnen alles in Ordnung sei oder ob sie lieber gleich sagen sollten *Ich ärgere mich über fast alles.* Diese Teilnehmer hatten entdeckt, dass der Ärger ein Sonderfall ist.

Zunächst einmal: Ärger ist in manchen Situationen eine vollkommen normale Reaktion, daher lautet die Antwort auf die Frage, ob das in Ordnung sei, *ja*. Es ist in Ordnung, ärgerlich zu sein, und es ist in Ordnung, Ich-Äußerungen mit der Feststellung zu beenden, dass man ärgerlich ist. Doch wenn Sie *häufig* ärgerlich sind, sollten Sie Folgendes bedenken:

Ärger ist keine primäre Emotion, sondern sekundär oder sogar tertiär. Niemand wird sofort ärgerlich, irgendeine andere Emotion ist zuvor da. Stellen Sie sich beispielsweise vor, Sie fahren an eine Mautschranke, da drängelt sich ein anderer Fahrer so an Ihnen vorbei, dass er fast einen Unfall verursacht. Was wäre in diesem Fall Ihre primäre Emotion, welche käme zuerst?

Wie wäre es mit Furcht? Sie würden doch einen Heidenschreck bekommen, oder? Es hätte Sie das Leben kosten können! *Erst dann* fahren Sie aus der Haut.

Wenn Sie zu den Menschen gehören, die häufig Ärger empfinden, fragen Sie sich das nächste Mal beim emotionalen Teil einer Ich-Botschaft: *Was war, bevor ich ärgerlich wurde? War ich verlegen? Erschreckt, enttäuscht, verletzt?* Wenn Sie ein primäres Gefühl ausmachen können, senden Sie das anstelle des Ärgers, weil konfrontierte Menschen schlecht mit Ärger umgehen können. Auch wenn Sie es nicht so meinen, Ärger wird im Allgemeinen als feindselige, vorwurfsvolle, kritische Du-Botschaft gedeutet, und Menschen neigen dazu, defensiv zu reagieren, wenn sie sich angegriffen fühlen.

Falsche Botschaften

Oben haben wir gesagt, dass sich Menschen, wenn sie mit dreiteiligen Ich-Botschaften konfrontiert werden statt mit Du-Botschaften, häufig *einfach so* ändern! Manchmal aber auch nicht, und dafür kann es einige gute Gründe geben. Erstens versteht der andere möglicherweise nicht, wie die greifbare Wirkung seines Verhaltens auf Sie aussieht, oder glaubt Ihnen nicht, dass es eine solche Wirkung gibt. Vielleicht denkt er, Sie tun nur so. Zweitens, das Verhalten, das Sie beanstanden, befriedigt vielleicht ein Bedürfnis von ihm, das ihm wichtiger ist als alle Rücksichtnahme auf Sie, sodass er sich weigert, sein Verhalten zu ändern. Drittens, Ihre Botschaft könnte unangemessen sein, sodass Sie nicht Ihren wirklichen Gefühlen entspricht. Das geschieht manchmal, wenn die Person, die konfrontiert, »nett« sein möchte und eine abgemilderte Botschaft sendet, obwohl ihre Körpersprache mitteilt: *Ich bin knallwütend!*

Der Fall kann auch umgekehrt liegen. Einige Menschen senden laute, ärgerlich klingende Botschaften über geringfügige Kränkungen, weil sie hoffen, die Stärke der Emotion werde den anderen veranlassen, sich augenblicklich zu ändern oder ihm »eine Lektion erteilen«. Solche »Kriegslisten« werden im Allgemeinen durchschaut und sind schon von daher ungeeignet, Veränderungen zu bewirken. Der vierte Grund, warum sich der andere nicht ändert, könnte darin liegen, dass Sie eine miserable Botschaft gesandt haben, eine, die unvollständig ist, beziehungsweise Vorwurf, Kritik oder andere Kommunikationssperren enthält. Der häufigste Fehler, den Botschaften aufweisen, liegt darin, dass sie dem anderen mitteilen, was er zu tun hat, zum Beispiel: »Wenn du die Tür offen lässt, wird es kalt im Zimmer, *also mach sie zu!*« Lösungs-Botschaften nehmen dem anderen die Möglichkeit, Ihnen etwas zu schenken, nämlich sein Verhalten zu ändern. Manchmal ist das alles, was er Ihnen geben kann. Lassen Sie ihm diese Möglichkeit.

Mit Widerstand umgehen

Aus Gründen, die uns nicht klar sind, glauben einige Menschen, Ich-Botschaften müssten immer funktionieren, müssten ausnahmslos die konfrontierte Person dazu veranlassen, nicht akzeptable Verhaltensweisen zu ändern. Das ist ein Missverständnis. Ich-Botschaften sind keine Zaubersprüche, sie sind einfach das beste Mittel, jemand anders darüber zu informieren, dass sein Verhalten ein Problem verursacht. Sie verringern die Wahrscheinlichkeit, dass der andere das Gefühl hat, an den Pranger gestellt zu werden, und deshalb grollt. Doch Ich-Botschaften sind keine Garantie dafür, dass der andere sein Verhalten auf der Stelle und bereitwillig ändert, weil ihm Ihre Bedürfnisse so am Herzen liegen. Menschliche Beziehungen sind nicht so einfach und Menschen nicht so vorhersehbar.

Zu hören, dass das eigene Verhalten nicht akzeptabel ist, kann ziemlich ärgerlich sein. Selbst die beste Konfrontations-Botschaft der Welt kann den Adressaten auf die Palme bringen. Die Gefühle geraten in Wallung und die Wahrscheinlichkeit von Veränderungen nimmt ab.

Wenn das der Fall ist, müssen Sie eine schwierige Veränderung Ihrer Haltung vornehmen – Sie sind nicht mehr bemüht, sich selbst zu helfen, den anderen zu konfrontieren, sondern dem anderen zu helfen, mit der Konfrontation umzugehen. Nehmen Sie an, ein Freund leiht sich ein paar Werkzeuge von Ihnen, um eine Reparatur vorzunehmen. Er verspricht Ihnen, die Sachen in zwei oder drei Tagen zurückzugeben, doch eine Woche vergeht und Sie brauchen einige der Werkzeuge. Sie beschließen also, mit Ihrem Freund zu reden und ihm etwas zu sagen wie: »Du hast mir mein Werkzeug nicht zurückgegeben und jetzt brauche ich es. Ich bin etwas befremdet.«

Er sagt: »Ich dachte, es eilt nicht so sehr, aber wenn es dich so aufregt, hol ich es dir auf der Stelle.«

Und nun? Schauen wir uns im Verhaltensfenster an, was geschehen ist.

Das nicht akzeptable Verhalten – das Werkzeug nicht zurückgeben – befindet sich im unteren Ich-besitze-Abschnitt des Fensters. Die defensive Reaktion auf Ihre Konfrontation liegt im oberen Teil des Der-andere-besitzt-Abschnitts. Ihre konfrontative Botschaft ist ein Problem für Ihren Freund. Wenn Sie Hilfe von ihm wollen, müssen Sie ihm zunächst helfen, indem Sie ihm empathisch zuhören, bis seine emotionale Temperatur ein bisschen abge-

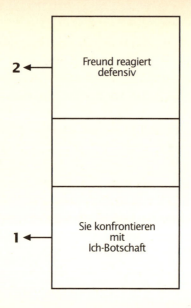

klungen ist. Wir nennen das umschalten. Wenn es Ihnen schwer fällt, von der Konfrontation aufs Zuhören umzuschalten, gehören Sie zur großen Mehrheit derer, die sich daran versucht haben. Doch so schwer es auch ist, es muss sein. Wenn Sie Hilfe wollen, müssen Sie bereit sein, Hilfe zu leisten.

Kehren wir zu unserer Geschichte zurück. Wenn Sie bemerken, dass Ihr Nachbar über Ihre Äußerung verärgert ist, könnten Sie sagen: »Du denkst, ich bin ungeduldig, und nimmst mir das übel.«

»Na ja«, sagt er, »ich wollte dir dein Zeug gerade bringen, aber nun tust du so, als hätte es überhaupt keine Zeit mehr.«

(Zuhören) »Du hast das Gefühl, ich dränge dich zu etwas, was du sowieso tun wolltest.«

»Genau.«

(Konfrontation) »Erst als ich eine kaputte Rohrleitung reparieren wollte, habe ich die Sachen gebraucht, die ich dir geliehen habe. Und da war ich befremdet, dass du sie mir noch nicht zurückgegeben hattest.«

»Na ja, um ehrlich zu sein, ich hab die letzten Tage so viel um die Ohren gehabt, dass ich es glatt vergessen habe.«

(Zuhören) »Das verstehe ich. Wenn man so viel zu tun hat, kann das leicht passieren.«

»Okay! Ich geh sie holen. In zehn Minuten hast du sie.«

»Danke.«

Im Diagramm könnte die Unterhaltung über das geborgte Werkzeug folgendermaßen aussehen:

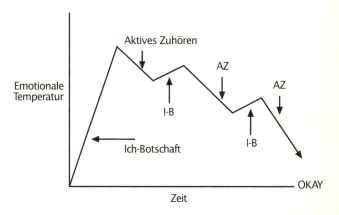

Am Ende eines solchen Prozesses steht entweder eine Verhaltensänderung – so wie im Fall des Werkzeugproblems –, oder Sie entdecken, dass Sie sich in einem Konflikt befinden und neue Fertigkeiten benötigen. Dazu kommen wir später.

Lob

Wenn ich in mich hineinblicke und die Gedanken und Gefühle entdecke, die ich im Augenblick habe, meine Voreingenommenheiten und Vorurteile, Kümmernisse und Freuden wahrnehme, dann kann ich sie, wie ich herausgefunden habe, anderen mitteilen, egal, ob sie positiv oder negativ sind. Wenn ich über mich spreche, über den einzigen Menschen, zu dem ich wirklich Zugang habe, entsteht ein Klima der Sicherheit, das fehlt, wenn ich über jemand anders spreche. Der Ich-Sprache wohnen besondere Kräfte inne. Wenn ich meine Gedanken und Gefühle besitze, kann ich unbedenklich positive und vorbeugende Botschaften, und nicht nur konfrontative, senden. Positive Ich-Botschaften können die wertenden, häufig manipulativen Du-Botschaften ersetzen, die wir Lob nennen.

Das Loben ist uns so selbstverständlich, so sehr Teil des sozialen Gewebes, dass wir selten, wenn überhaupt, seine Risiken bedenken. Doch es birgt Risiken, wie alle Kommunikationssperren. Fälschlicherweise meinen viele, jeder sei jederzeit für Lob empfänglich. Keineswegs. Oft fühlen sich die Menschen unbehaglich oder verlegen, wenn sie gelobt werden. Haben Sie einmal auf die Körpersprache von Menschen geachtet, die gelobt werden? Sie werden rot, schauen betreten zu Bo-

110

den, treten von einem Fuß auf den anderen oder winden sich. Oft wehren sie ab oder relativieren das Lob. Manchmal begegnen sie dem Lobenden mit Misstrauen und stellen seine Motive in Frage. Was will sie von mir? Was bezweckt sie? Was soll diese Lobhudelei?

Lob ist ein Urteil (du hast gute Arbeit geleistet etc.); der Akt des Urteilens unterstellt Sachverstand und behauptet die Überlegenheit des Urteilenden. Folglich impliziert Lob eine Ungleichheit zwischen dem, der urteilt, und dem, der beurteilt wird.

Wenn Ihnen Lob nicht dazu dienen soll, das Verhalten anderer zu manipulieren oder zu beeinflussen, hat es den Zweck, positives Feedback zu liefern, Freude, Erleichterung Glück und eine Vielzahl anderer freundlicher Gefühle in Bezug auf positive Verhaltensweisen mitzuteilen ... was sich auch ohne die Risiken des Lobs bewerkstelligen lässt, indem Sie positive Ich-Botschaften senden – *Ich mag es, wenn* oder *Mir gefällt es.*

Vorbeugende Botschaften

Wäre es nicht wunderbar, wenn Sie Ärgernisse und Probleme schon im Entstehen verhindern könnten? Nun, manchmal ist das durchaus möglich. Von einem Lehrer erhielten wir das folgende Beispiel für eine vorbeugende Ich-Botschaft, nachdem er an einem unserer Trainingsprogramme für Erzieher teilgenommen hatte.

»Als ich neulich in die Schule kam, fand ich in meiner Mailbox eine Nachricht von der Schulleiterin, in der es hieß, es sei wieder eine Schülerversammlung anberaumt, und sie erwarte, dass ich meine Klasse ›besser im Griff‹ hätte. Ich unterrichte eine sechste Klasse, die eigentlich nichts gegen Schülerversammlungen hat, sind sie doch eine willkommene Abwechslung, allerdings reißen einen die Vorträge manchmal nicht gerade vom Hocker. Neulich, bei einer besonders langweiligen Veranstaltung, war meine Klasse ›eine Schande für die ganze Schule‹, um die Chefin zu zitieren.

Ich beschloss, es mit einer vorbeugenden Ich-Botschaft zu versuchen. Also erklärte ich der Klasse: ›Wir haben heute wieder eine Schülerversammlung, und ich habe ein bisschen Angst vor dem, was kommen könnte. Heute Morgen habe ich eine Nachricht von der Direktorin bekommen, da äußerte sie sich ziemlich drohend für den Fall, dass ihr wieder rumschreit und mit Sachen schmeißt. Ich weiß nicht genau, was sie mit mir vorhat, möchte es aber, ehrlich gesagt, auch nicht herausfinden. Ich muss sie mir, weiß Gott, nicht zur Feindin machen.‹

Die Kinder saßen da und starrten mich verdutzt an. Schließlich sagte eines: ›Keine Sorge, das kriegen wir schon hin.‹ Alle nickten, und während der Versammlung verblüfften sie alle Welt damit, dass sie die ruhigste und wohlerzogenste Gruppe in der ganzen Aula waren. Natürlich glaubte die Schulleiterin, diese auffällige Veränderung sei ihr Verdienst, ich aber weiß, dass es meine vorbeugende Ich-Botschaft war.«

Erstaunliche Belohnungen

Wenn Sie einem anderen zuhören, der ärgerlich ist oder einen schlechten Tag hat, wird sich Ihre Beziehung zu ihm verändern. Die Art von Empathie und Akzeptanz, die genaues Zuhören verlangt, führt Menschen näher zusammen, hebt die Barrieren auf, die die Kommunikationssperren errichten. Unsere menschliche Natur entfaltet sich erst vollständig, wenn wir mit anderen verbunden sind. Deshalb suchen wir die Nähe anderer Menschen, wenn wir uns Tragödien gegenüber sehen, wie derjenigen an der Columbine Highschool in Littleton, Colorado. Das Bild, das mir von diesem Ereignis am eindrücklichsten in Erinnerung geblieben ist, ist das einer kleinen Gruppe von Kindern, die sich unter dem Eindruck von Schock und Entsetzen ganz eng zusammendrängten. Sie brauchten einander. Wir brauchen einander. Wir brauchen Mitgefühl und Zuwendung. Wir brauchen Freunde, die uns verstehen. Wir brauchen Kollegen, die uns zuhören, wenn wir Schwierigkeiten haben im Leben, wir brauchen Ehepartner und andere Familienangehörige, die uns akzeptieren, wie wir sind, die uns nicht erzählen, wie wir bessere Menschen werden können oder was wir tun müssen, um dem Bild zu entsprechen, das sie von uns haben.

Wenn Sie die Zeit, die Energie und den Wunsch haben, sich anderen zuzuwenden, die in großen Schwierigkeiten sind, besonders den Menschen, die Sie lieben, müssen Sie einfach zuhören. Nur zuhören.

Das Zuhören kann und wird dazu beitragen, den Ärger und die Belastungen zu mindern, die Menschen in Ihrer Umgebung erleben, sodass es in Ihren Beziehungen mehr problemfreie Zeit geben wird. Wenn es Ihnen gelingt, in Zeiten, in denen Sie ärgerlich sind, von der Du-Sprache auf die Ich-Sprache umzuschalten, erreichen Sie damit zweierlei: Erstens können Sie negative Gefühle zum Ausdruck bringen, ohne die Situation zu verschlimmern. Zweitens werden die Menschen weit eher bereit sein, aus Rücksichtnahme Verhaltensweisen zu ändern, die ein Problem für Sie sind. Tatsächlich haben uns viele hundert Absolventen unserer Trainingsprogramme verblüfft berichtet, wie bereitwillig Menschen ihr Verhalten verändern, wenn man sich in der Ich-Sprache an sie wendet.

Wie das Aktive Zuhören stärkt die Besitz-Sprache unsere Beziehungen. Sie vermittelt Achtung und Ehrlichkeit, zwei Werte, die die meisten Menschen hoch bewerten. Im Lauf der Zeit werden die Kommunikationsprozesse des Aktiven Zuhörens und der Ich-Sprache die meisten, wenn nicht alle Beziehungsschwierigkeiten beseitigen, die durch die zwölf Kommunikationssperren hervorgerufen worden sind.

Was bleibt, sind Bedürfniskonflikte, die Schwierigkeiten, die in allen Beziehungen entstehen, wenn einer von uns durch die Befriedigung seiner Bedürfnisse den anderen daran hindert, seinen Bedürfnissen Rechnung zu tragen. Im nächsten Kapitel werde ich erklären, wie Sie in diesen Situationen gewinnen können, ohne dass der andere verliert.

Das Beziehungs-Credo
TEIL VIER

Wenn wir Konflikte haben, wollen wir uns verpflichten, jeden von ihnen so zu lösen, dass keiner versucht, auf Kosten des anderen zu gewinnen. Ich achte dein Recht, deine Bedürfnisse zu befriedigen, aber genauso muss ich meine eigenen Bedürfnisse beachten. Lass uns also immer nach Lösungen suchen, die für uns beide akzeptabel sind. Deine Bedürfnisse werden befriedigt werden und meine auch. Keiner wird verlieren. Beide werden gewinnen.

KAPITEL NEUN

Konflikte lösen

Ein Ergebnis guter Kommunikation ist die Entdeckung, dass, egal wie offen und ehrlich die Beziehung auch ist, Konflikte unvermeidlich sind. Wir
sagen unseren Teilnehmern: »Ihr könnt noch so liebevoll, fürsorglich, bemüht sein, in einer noch so
wunderbaren Beziehung leben, ihr werdet trotzdem Konflikte haben.« Viele Menschen trifft das
hart. Verständlich, wenn man bedenkt, wie lang,
blutig und unrühmlich die Geschichte des Kon-
flikts ist. Im Lexikon heißt es: *Aufeinanderprallen
widerstreitender Auffassungen, mit kriegerischen
Mitteln ausgetragene Auseinandersetzung, Zwiespalt, Widerstreit aufgrund innerer Probleme.* Die
Liste ist nicht vollständig, und der Rest ist genauso
unerfreulich.

Schauen Sie sich die Abendnachrichten an,
wenn Sie die Lexikondefinitionen realiter sehen
möchten. Da finden Sie reichlich kriegerische Auseinandersetzungen, Zwiespalt, Widerstreit. Im Na-
hen Osten. Im Repräsentantenhaus. In den Fernsehserien.

Muss es so sein? Nun, in den Daily Soaps muss es
wohl so sein. Wenn sich beispielsweise die Personen
in *Gute Zeiten, Schlechte Zeiten* der Ich-Sprache be-
dienten, einander urteilsfrei zuhören würden und
die Verfahren anwendeten, die ich in diesem Kapitel

dargelegt habe, würden sie schon bald ihre Konflikte gelöst haben, und die Serie wäre zu Ende. Und falls sie fortgesetzt würde, wäre es eine aktualisierte Version von *Vater ist der Beste*, die sich niemand anschauen würde. Die Zuschauer lieben an Fernsehserien die dramatischen Verwicklungen – den Streit, die unversöhnlichen Gegensätze, den Verrat und den Konflikt. Doch als Vorbilder für Qualitäts-Beziehungen sind sie denkbar ungeeignet.

Es gibt viele *gute* Beziehungsmodelle, doch die kommen gewöhnlich nicht ins Fernsehen. Ihre Merkmale sind in der Regel Ehrlichkeit, Offenheit, Fürsorge, Mitgefühl und Demokratie.

Nur zögernd verwenden wir das Wort Demokratie. Jahrelang haben wir nach einem besseren Wort gesucht, einem Wort, das die Eigenschaften wiedergibt, die wir mit gesunden Beziehungen verbinden. Wahrscheinlich trifft *Demokratie* die Sache, doch fast jeder denkt bei dem Wort an Wahlen, Politik und Regierungen, und das ist natürlich nicht das, wovon wir sprechen. Wir sprechen von *zwischenmenschlicher* Demokratie, die die Idee von Gerechtigkeit, Gleichheit und Gegenseitigkeit verkörpert, also das genaue Gegenteil von autokratischen, hierarchischen Beziehungen, die nicht nur für Diktaturen charakteristisch sind, sondern auch für viele Organisationen und Familien.

Wenn wir von »Demokratie« und »demokratischen Methoden« reden, meinen wir also eine Beziehung, die fair und für beide Seiten befriedigend ist, vor allem auch dann, wenn die Beteiligten nicht einer Meinung sind.

Wenn wir Konflikte als Kämpfe definieren, geraten wir in Schwierigkeiten. Kämpfe können nur gewonnen oder verloren werden. Und genau das ist die Art, wie die *meisten Menschen* mit Konflikten umgehen. Ein paar Kämpfe gewinnen sie, ein paar verlieren sie, und so sind die Strategien, die sie entwickeln, Methoden, um Niederlagen möglichst zu vermeiden. Wenn wir Konflikte hingegen als Probleme definieren, befinden wir uns in einer viel besseren Ausgangsposition. Denn Probleme lassen sich lösen.

Dewey-Methode

Anfang des 20. Jahrhunderts interessierte sich der namhafte Philosoph und Pädagoge John Dewey dafür, wie Menschen Probleme lösen, und beobachtete daher, wie sie sie angehen. Ihm fiel auf, dass die Menschen unabhängig von der Art des Problems immer die gleiche Lösungsstrategie verwendeten. Zuerst dachten sie über verschiedene mögliche Lösungen nach. Dann bewerteten sie die potenziellen Lösungen, entschieden sich für eine und probierten sie aus. Wenn sie sich bewährte, hatten sie das Problem gelöst. Wenn nicht, kehrten sie zum Ausgangspunkt zurück und versuchten es mit einer anderen Lösung. Dewey glaubte, der Prozess sei natürlich, das heißt, brauche nicht gelernt zu werden oder werde zumindest so früh im Leben gelernt, dass er natürlich erscheine.

Wenn wir die Konflikte, die wir in unseren zahlreichen Beziehungen haben, als Probleme definieren, können wir diesen natürlichen Problemlösungsprozess verwenden, um kreative Lösungen zu finden, die die Bedürfnisse aller Beteiligten befriedigen. Auf diese Weise wird niemand zum Verlierer. Es handelt sich also um eine Keiner-verliert-Methode.

Seit vielen Jahren schlage ich vor, dass wir eine Form von Deweys Problemlösungsprozess als die beste Methode zur Konfliktlösung übernehmen. Der Prozess, für den ich eintrete, besteht aus sechs Schritten, von denen mir viele Menschen gesagt haben, sie hätten sie schon vorher in der einen oder anderen Form verwendet.

Mein Ziel ist es, den Konflikt umzuwandeln, statt ihn zu unterdrücken oder mit Gewalt auszutragen.

Mahatma Gandhi

Keiner-verliert-Methode

Wenn Sie sich in einem Konflikt befinden und diese Methode verwenden, brauchen Menschen, die nicht mit ihr vertraut sind, eine Erklärung, eine Art Produktinformation, die folgendermaßen lauten könnte: »Es gibt drei Möglichkeiten, wie wir das Problem lösen können, das wir miteinander haben. Eine Möglichkeit besteht darin, dass ich eine Lösung entwickle und versuche, sie dir aufzuzwingen, ob sie dir gefällt oder nicht. Oder du könntest versuchen, mir deine Lösung aufzuzwingen. So oder so erleidet einer von uns beiden Zwang. Ich kann auch sagen: ›Okay, ich will keine große Geschichte daraus machen‹, und hoffen, dass sich das Problem von selbst erledigt.

Ich kann dich nicht wirklich dazu bringen, meine Vorstellungen toll zu finden, so wenig wie du mir deine Vorstellungen einreden kannst. Ich glaube auch nicht, dass sich das Problem erledigt, wenn wir es nicht zur Kenntnis nehmen. Daher möchte ich etwas ganz anderes probieren, etwas, bei dem wir beide gewinnen. Möchtest du mehr davon hören?« Wenn die Antwort Ja lautet, können Sie mit Schritt eins beginnen.

SCHRITT EINS: *Definieren Sie das Problem anhand unbefriedigter Bedürfnisse.* Das ist eine radikale Abkehr von der Art und Weise, wie die meisten Menschen mit Konflikten umgehen. In der Regel begreifen sie potenzielle Ergebnisse unter dem Gesichtspunkt von gewinnen oder verlieren, entweder das eine oder das andere. Nehmen wir beispielsweise an, es geht in dem Konflikt um ein Auto. Sie brauchen es, um einen Abendkurs zu besuchen. Ihr Partner braucht es, um zu einer geschäftlichen Verabredung zu fahren. Entweder Sie bekommen das Auto oder Ihr Partner, richtig? Viele, wenn nicht die meisten Menschen sehen solche Situationen so, in Form von einander ausschließenden Lösungen. Entweder/oder, gewinnen/verlieren, *Wer hat das Sagen?*

Tatsächlich *braucht* keiner von Ihnen das Auto. Das Auto ist eine Lösung. Es kann Bedürfnisse befriedigen. Sie müssen zu dem Kurs kommen, richtig? Und Ihr Partner zu seiner geschäftlichen Verabredung. So betrachtet, gibt es vielleicht fünfzehn bis zwanzig Möglichkeiten, diesen Bedürfnissen Rechnung zu tragen. In einigen Fällen kann das Auto sogar in der Garage bleiben.

In den Fünfzigerjahren interessierte sich der junge Psychologe Abraham Maslow nicht für die pathologischen Spielarten menschlichen Verhaltens, sondern dafür, wie Menschen sich gesund und produktiv entwickeln. Aus diesem Grund beschäftigte er sich mit erfolgreichen Menschen wie Ruth Benedict, Albert Schweitzer, Eleanor Roosevelt, Winston Churchill und anderen, die offenbar ein äußerst erfülltes Leben führten. Wie er feststellte, hatten sie in vielen Punkten große Ähnlichkeit. Zunächst einmal brauchten sie sich keine Sorge um ihr physisches Überleben, die Fortdauer ihrer Existenz zu machen. Des Weiteren hatten sie zahlreiche Freunde und liebevolle, tragende Beziehungen. Schließlich führten sie ein befriedigendes und erfülltes Berufsleben und erfuhren häufige »Gipfelerlebnisse«, Glanzleistungen, die die normalen Erwartungen übertrafen.

Daraus lernte Maslow, dass alle seine Versuchspersonen die gleichen Bedürfnisse hatten. Diese Bedürfnisse strukturierte er in einer Hierarchie. Dabei bildete das Überleben (Nahrung, Luft, Bekleidung, Unterkunft usw.) die unterste Ebene, gefolgt vom Bedürfnis nach Sicherheit, das heißt dem Wissen, dass die eigene Existenz über die Unmittelbarkeit des bloßen Überlebens hinausreicht. Wenn die Bedürfnisse dieser beiden untersten Ebenen befriedigt sind, tritt, so Maslow, das Bedürfnis nach Beziehungen und Zugehörigkeit in das Bewusstsein des Menschen. Er nannte sie soziale Bedürfnisse. Wenn Menschen gute Beziehungen herstellen, Liebe geben und empfangen können, in der Lage sind, in Gruppen zu arbeiten und zu spielen, melden sich Bedürfnisse einer vierten Art, die wir alle verspüren, das Bedürfnis, uns zu unterscheiden, einen wichtigen Beitrag zu leisten, uns über unsere Leistung zu definieren. An der Spitze der Pyramide befindet sich, was Maslow als Selbstverwirklichung bezeichnete, das Bestreben des Menschen, seine Fähigkeiten richtig zu entfalten, seinen Ehrgeiz zu befriedigen, die einzigartige Person zu werden, die er ist, und so fort.

Maslow wollte herausfinden, was Menschen fühlen, wenn ihre Bedürfnisse nicht befriedigt werden, wenn sie depriviert sind. Einige allgemeine Schlüsse aus seinen Ergebnissen haben wir rechts von der oben stehenden Pyramide aufgelistet. Beispielsweise ist die häufigste Reaktion von Menschen, die auf der untersten Ebene, der Überlebensbedürfnisse, depriviert sind, Furcht. Werden Sie auf der Ebene zwei, der der Sicherheitsbedürfnisse, depriviert, machen sich die Menschen Sorgen etc.

Ich behandle diese Hierarchie, damit Sie eine Möglichkeit haben, Bedürfnisse von Wünschen und

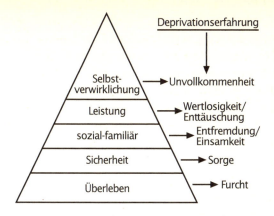

Lösungen zu unterscheiden. Beispielsweise brauchen wir keine Apfeltorte, wohl aber Nahrung. Wir brauchen keine Porsches, aber Beförderungsmittel. Maslows Entwurf kann uns helfen, deutlicher wahrzunehmen, was sich hinter Wünschen und Lösungen verbirgt.

Eine Vielzahl »seltsamer« Verhaltensweisen sind in Wirklichkeit Versuche, irgendein Bedürfnis zu befriedigen. Ich erinnere mich an eine junge Frau, leitende Angestellte eines Elektronikunternehmens, die uns am Ende eines Kurses für Führungskräfte von einem Problem erzählte, das sie mit ihrem Mann hatte, der plötzlich ungewöhnlich still und in sich gekehrt erschien, was sie beunruhigte und befremdete. Daher beschloss sie, ihn wegen dieses merkwürdigen Verhaltens zu konfrontieren, und wählte dazu einen Zeitpunkt, von dem sie annahm, dass sie ungestört sein würden. Zunächst beschrieb sie sein Verhalten und wie sehr es sie beunruhigte. »Ich war mir sicher, dass Michael entweder ein Verhältnis hatte oder betroffen war, weil ich jetzt mehr Geld verdiente als er. Diese Überzeugung war so groß, dass ich gar nicht auf das hörte, was er sagte, bis er erklärte, ich sei wie ein ferner Stern, niemals anzutreffen. Der Rest war dann einfach. Wir wollten beide mehr Zeit füreinander haben, also fanden wir sie auch. Michael hatte völlig Recht, als er sagte: ›Wir haben genauso viel Zeit wie alle anderen. Es geht nur darum, was wir mit ihr anfangen‹. Und nach all den Sorgen, die ich mir um eine Affäre gemacht hatte, war es eine richtige Erleichterung, dass es nur um ein bisschen mehr Zeit ging.«

Die meisten Menschen sind nicht schlecht, sie haben nur ihre Bedürfnisse und verfallen bei dem Versuch, diese zu befriedigen, leicht auf merkwürdige oder auch defensive Verhaltensweisen. Denken Sie an Maslows Deprivationserfahrungen. Ihnen können Sie entnehmen, wo Sie nach Hinweisen auf die unbefriedigten Bedürfnisse eines Menschen zu suchen haben.

Einige Konflikte sind harmlos und lassen sich gewissermaßen im Vorbeigehen erledigen. Andere sind zeitaufwändiger und komplizierter. *Hinweis:* Gibt es mehrere Beteiligte, empfehlen wir eine Wandtafel oder etwas Ähnliches, worauf man Ideen so festhalten kann, dass alle sie einsehen können.

Wenn sich feststellen lässt, welches die unbefriedigten Bedürfnisse sind, ist mehr als die halbe Schlacht gewonnen. Bei dem Konflikt des finanziell erfolgreichen Paares berichtete die Frau beispielsweise, über die Hälfte der Zeit habe es gedauert, die unbefriedigten Bedürfnisse ihres Mannes zu erkennen. »Dann endlich«, so berichtete sie, »konnte ich mit dem Schmollen aufhören und brauchte ihn nicht mehr innerlich als verlogenen Mistkerl zu beschimpfen.«

SCHRITT ZWEI: Sobald die Bedürfnisse bestimmt sind, ist Brainstorming angesagt, gilt es, so viele Lösungsvorschläge wie möglich zu nennen. In Gruppen empfiehlt es sich, ein Zeitlimit festzusetzen. Sind nur Sie und ein Freund oder Partner beteiligt, sind solche Maßnahmen vermutlich nicht erforderlich. Der Schlüssel zum erfolgreichen Brainstorming ist das Vermeiden jeder Wertung. Wohl nichts hemmt die Kreativität so sehr wie Wertung, und Kreativität ist das, was Sie für diesen Schritt brauchen. Ich verwende immer das Neun-Punkte-Rätsel, um deutlich zu machen, was bei Schritt zwei nötig ist. Es sieht folgendermaßen aus:

```
X    X    X
X    X    X
X    X    X
```

Die Aufgabe besteht darin, alle neun Punkte mit vier geraden Linien zu verbinden, ohne den Stift einmal vom Papier zu nehmen. Ich will Ihnen die Lösung nicht verraten, nur so viel sei gesagt, dass Sie nicht dahinter kommen werden, wenn Sie die Punkte als Quadrat oder Kasten sehen. Sie müssen die Ränder des »Kastens« überschreiten. Genauso verhält es sich mit dem Brainstorming. Sie müssen den Kasten verlassen und die Dinge aus einer neuen, vielleicht einzigartigen Perspektive sehen. Dann sollten Sie in der Lage sein, eine Vielzahl neuer Wege vorzuschlagen, um die bereits identifizierten Bedürfnisse zu befriedigen. Je mehr potenzielle Lösungen, umso besser. Sie sind vielleicht nicht alle brauchbar, doch mit diesem Problem können Sie sich in Schritt drei befassen. Wenn alle potenziellen Lösungen zur Sprache gekommen sind, wenden Sie sich Schritt drei zu.

SCHRITT DREI: Jetzt ist der richtige Zeitpunkt für Bewertungen. Gelegentlich schlägt jemand etwas vor, was die anderen als »elegante Lösung« bezeichnen. Oft kommt dann der Augenblick, wo jeder sagt: »Ja, das ist es. Das ist die Anwort!« Oder so ähnlich. Doch meist gibt es keine elegante Lösung, nichts, bei dem auf Anhieb klar wird, dass es den Bedürfnissen aller gerecht wird. Dann betrachten Sie die Lösungen, die in Schritt zwei entwickelt wurden, und bewerten sie. Wenn Sie sich in einer Gruppe befinden, etwa in der Familie oder einer Arbeitsgruppe, und *alle* Mitglieder Einwände gegen eine Lösung erheben, verwerfen Sie sie. Nachdem Sie die Liste potenzieller Lösungen durchgegangen sind, alle ausgesondert haben, die keine Zustimmung gefunden haben, und noch eine oder mehrere Lösungen übrig sind, ist Schritt vier an der Reihe.

SCHRITT VIER: Entscheiden. Nicht abstimmen! Abstimmen produziert Gewinner (die Mehrheit) und Verlierer (die Minderheit), und Sie wissen, was Verlierer tun werden: den ganzen Prozess untergra-

126

ben. Schauen Sie, ob es eine Lösung gibt, die auszuprobieren, sich alle bereit erklären. Die Mitglieder müssen von einer Idee nicht unbedingt begeistert sein, es genügt, wenn sie bereit sind, einen Versuch damit zu machen. Sie kann dennoch Ihre Bedürfnisse befriedigen. Wenn alle zustimmen, haben Sie einen Konsens erreicht. Ist keine der Lösungen akzeptabel, müssen Sie entweder zurück zu Schritt eins und das Problem genauer definieren oder zu Schritt zwei und weitere Lösungen entwickeln.

SCHRITT FÜNF: Planung, Ausführung, Vertrag schließen. Einigen Sie sich, wer was wann tut. Im Prinzip ist das ein Vertrag und kann als solcher behandelt werden. Sie können ihn schriftlich aufsetzen und unterschreiben, wobei jeder Beteiligte eine Kopie erhält. Natürlich sind bei Lösungen einfacher Zwei-Personen-Konflikte keine formalen Verträge nötig, trotzdem ist es wichtig, dass Sie sich darauf einigen, wer was wann tut.

SCHRITT SECHS: Neubewertung, Überprüfung. Manchmal ist es offensichtlich, dass eine gewählte Lösung umgesetzt worden ist und funktioniert, dann ist keine formelle Bewertung erforderlich. Doch bei komplexeren Konflikten in Familien oder Arbeitsgruppen sollte man schon einen Zeitpunkt festsetzen, an dem geprüft wird, ob wirklich den Bedürfnissen aller Beteiligten Rechnung getragen wurde. Falls nicht, hat nicht die Gruppe versagt, sondern nur die Lösung. Werfen Sie nicht die Leute hinaus. Werfen Sie die unzulängliche Lösung hinaus und versuchen Sie es mit einer anderen beziehungsweise beginnen Sie den Prozess von vorn.

Für die körperliche und seelische Gesundheit – und für die Gesundheit der Beziehungen – ist es von entscheidender Bedeutung, dass die Beteiligten damit rechnen können zu gewinnen. Die sechs

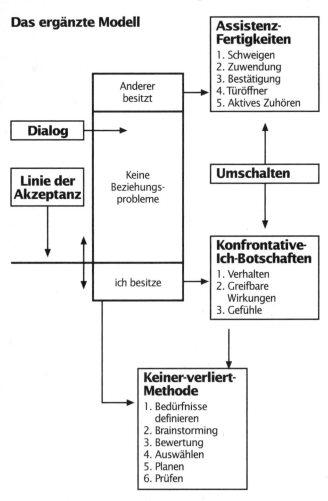

Das ergänzte Modell

Schritte des Konfliktlösungsprozesses garantieren, dass keiner verliert. Der Prozess ist einfach, allgemein, das heißt, er lässt sich auf alle Konflikte anwenden und erfordert letztlich weniger Zeit und viel weniger Energie als direktive Prozesse, weil die unaufhörliche Ausübung von Zwang zur Durchsetzung entfällt.

Oft werden wir gefragt, warum diese sechs Schritte nicht generell Anwendung finden. Hauptgrund ist, dass die Methode auf genauem Zuhören und Ich-Sprache beruht und es um die allgemeine Fähigkeit zum Zuhören in unserer Welt trostlos bestellt ist. Und die Ich-Sprache kommt als Methode, über Ärger und nicht befriedigte Bedürfnisse zu sprechen, so gut wie nie zur Anwendung. Ohne diese Werkzeuge steht der Prozess der sechs Schritte auf verlorenem Posten ... wofür wir einen enormen Preis bezahlen, nicht nur in Dollar, obwohl auch der gigantisch ist. Die Kosten, die viel mehr zählen, sind ruinierte Leben, verlorene Leben und Leben, die in Elend und Not geführt werden.

Das Beziehungs-Credo
TEIL FÜNF

So können wir eine gesunde Beziehung führen, in der jeder von uns werden kann, was seinen Fähigkeiten entspricht. Und wir können unsere Beziehung in Frieden, gegenseitiger Achtung und Liebe fortsetzen.

KAPITEL ZEHN

Was ist mit Werten?

1787 kam eine Hand voll Männer in Philadelphia zusammen, die den ganzen langen heißen Sommer hindurch argumentierten, debattierten, nach Kompromissen suchten und schließlich eines der bemerkenswertesten Dokumente der Welt schufen, die Verfassung der Vereinigten Staaten von Amerika.

Die Väter der Verfassung wussten, dass sie einige Mängel hatte, doch, ob mit Mängeln behaftet oder nicht, sie gaben das Ergebnis ihrer Bemühungen zur Ratifizierung an die 13 einzelstaatlichen Regierungen weiter, fuhren nach Hause und wandten sich anderen Aufgaben zu. Nicht im Traum hätten sie geglaubt, dass das pedantisch aufgesetzte Dokument einen derartigen Wirbel verursachen würde. Das aber war der Fall, und zwar vier Jahre lang. Der Grund: Es gab in den vorgeschlagenen Verfassungsartikeln keine Garantien, die die Bürger vor bestimmten Übergriffen der Regierung schützten, mit denen sie nur zu vertraut waren. Eine Zeit lang sah es so aus, als würde der Verfassungsentwurf gar nicht ratifiziert, doch zum Glück hatten die Urheber von vornherein eine gewisse Flexibilität eingeplant und Verfahrensregeln für die Änderung des Dokuments vorgesehen. Allerdings hatten sie nicht da-

130

mit gerechnet, dass der Fall schon so bald eintreten würde.

Und was waren das für Änderungen, die vorgenommen werden mussten? Sie wurden als die Bill of Rights bekannt, zehn Zusatzartikel der Verfassung, die einige der wichtigsten Grundrechte vor Übergriffen der Regierung schützen.

Die Mitglieder des Verfassungskonvents sahen, dass den Menschen der Gedanke gefiel, eine Regierung zu haben, die sie kontrollieren und an der sie sich beteiligen konnten. Doch um wirklich anerkannt zu werden, musste die neue Regierung eingeschränkt werden in ihrer Möglichkeit, Grundrechte zu beschneiden wie Versammlungs-, Rede-, Presse-, Religionsfreiheit, Petitionsrecht, Schutz der Privatsphäre, Gleichheit vor dem Recht ... *und das Volk war willens, auf die ganze Verfassung zu verzichten, wenn diese Grundwerte nicht geschützt wurden.*

In diesem Kapitel geht es um andere Werte – wie man mit Menschen, die man liebt und achtet, ungeachtet aller Unterschiede friedlich zusammenleben und sie beeinflussen kann.

Nach dem Wörterbuch *Webster's New World* ist ein Wert *etwas, was um seiner selbst willen wünschens- oder achtenswert ist; eine Sache, die eine intrinsische Qualität oder Bedeutung hat.* Werte sind die Normen, die wir als »gut« oder »richtig« bezeichnen. Wir haben fast alle die gleichen Grundwerte, denn die Unterschiede sind in erster Linie eine Frage der Priorität.

Und doch sind Wertdifferenzen häufig die Ursache dafür, dass Familien zerfallen, Freundschaften zerbrechen und wir einander fremd werden. Wir mögen ja dafür gesorgt haben, dass einige unserer sozialen und ethischen Werte vor Regierungsübergriffen geschützt sind, doch was können wir tun, um pfleglicher mit unseren persönlichen Werten umzugehen?

Der Raucher

Unter anderem lässt sich der Unterschied zwischen einem Bedürfnis- und einem Wertekonflikt daran erkennen, dass bei einem Bedürfniskonflikt greifbare, konkrete Wirkungen vorliegen, bei einem Wertekonflikt jedoch nicht. Nehmen wir an, Ihr Bruder hätte Ihnen – sehr zu Ihrem Kummer – erzählt, dass er wieder mit dem Rauchen angefangen habe. Wie könnte die Ich-Botschaft lauten, die Sie senden, um ihn mit Ihrer Sorge zu konfrontieren? *Wenn du rauchst, mache ich mir Sorgen um deine Gesundheit, weil ...* weil was? Was für *konkrete* Auswirkungen hat das Rauchen auf Sie, solange sie nicht passiv mitrauchen?

Antwort: keine. Das heißt nicht, dass Sie nicht besorgt sind. Natürlich haben Sie Angst, dass es ihm schaden könnte, und natürlich möchten Sie alles tun, um das zu verhindern. Aber, er setzt *seine* Gesundheit aufs Spiel, nicht die Ihre.

Was Sie tun können: Ihre Gedanken und Gefühle auf eine möglichst wenig bedrohliche Weise zum Ausdruck bringen, das heißt, durch eine zweiteilige Ich-Botschaft, die aus einer vorwurfsfreien Beschreibung des Verhaltens und Ihren Gefühlen besteht. *Wenn du Zigaretten rauchst, habe ich Angst, dass du deiner Gesundheit bleibend schadest.* Oder so ähnlich. Vielleicht raucht er trotzdem weiter, schließlich macht Tabak genauso süchtig wie Heroin. Vielleicht aber auch nicht. Vielleicht reicht Ihre Besorgnis aus, um ihn zum Nichtraucher zu bekehren. Herausfinden können Sie es nur, wenn Sie es versuchen.

Verändern wir das Szenario ein bisschen. Nehmen Sie an, Ihr Bruder ist vierzehn, und Sie haben die Vormundschaft. Wirkt sich sein Rauchen in greifbarer, konkreter Weise auf Sie aus, in einer Weise, die er verstehen und zugeben wird? Falls ja, können Sie die Situation mit der Keiner-verliert-Methode lösen. Doch worin könnte diese Wirkung bestehen?

Viele würden sagen: »Was soll das Theater, ich schlage mit der Faust auf den Tisch und sage ES WIRD NICHT MEHR GERAUCHT. Basta!« Meinen Sie, das klappt?

Kommunikationssperre Nummer eins, Befehlen, Anordnen, Auffordern ist in einem Wertekonflikt wahrscheinlich die ungeeignetste Methode. Wenn das Handeln eines Menschen eindeutig einen realen, negativen Effekt auf Sie hat, wenn es Ihnen in irgendeiner Weise schadet, hat der andere vielleicht noch Verständnis dafür, dass Sie sich über seine Einwände einfach hinwegsetzen. Häufig habe ich erlebt, dass Kinder verbale, ja sogar physische Gewalt mit Worten entschuldigten

133

wie: »Na ja, das habe ich mir wohl selber eingebrockt.« Doch wo ist die Wirkung bei einer Wertekollision? Welchen Preis bezahlen Sie? Die Anwendung von Strafe, um Verhalten zu korrigieren, ist in keiner Situation zu empfehlen, doch bei einer Kollision von Wertvorstellungen wird sie vollkommen unverständlich.

Hat sich die Einstellung Ihrem Bruder gegenüber mit dessen Alter verändert? Viele Menschen sind verblüfft, dass sie ganz anders auf ein bestimmtes Verhalten reagieren, je nachdem, wie alt die Personen sind, die es zeigen. Ein Teilnehmer in einem unserer Seminare sagte: »Es ist schon komisch, dass so viele von uns sich einem erwachsenen Bruder gegenüber vernünftig verhalten, einem Kind aber mit Strafen kommen würden. Wie kommt das? Denken wir wirklich alle, dass uns die Macht das Recht dazu gibt?« Ich habe schlechte Neuigkeiten für diesen kritischen Beobachter. Seine Befürchtungen sind gerechtfertigt. Es ist wirklich so, dass hier das Recht aus der Macht abgeleitet wird, dass Zwang ausgeübt wird, einfach weil der eine der Beteiligten mächtiger ist als der andere.

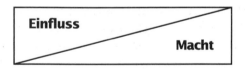

Das oben stehende Diagramm veranschaulicht die Beziehung zwischen Macht und Einfluss. Ein Mathematiker würde sagen, die beiden sind einander umgekehrt proportional. Und natürlich hätte er Recht. Je mehr Zwang ausgeübt wird, desto geringer wird der Einfluss. Vielen Menschen habe ich folgende Frage gestellt: Da Sie nicht zugleich Macht und Einfluss haben können, was ist Ihnen lieber? Nach einer kurzen Diskussion und Überlegung entschieden sich fast alle für den Einfluss. Einer drückte es so aus: »Die Macht, die ich mir wünsche, ist die Macht, Einfluss auszuüben. Die anderen Formen der Macht kosten zu viel Zeit und Energie.« Ich kann ihm nur beipflichten.

Beratung

Wenn Sie Einfluss haben, könnten zweiteilige Ich-Botschaften wirken. Das heißt, wenn die Menschen ohne Drohungen und Urteile konfrontiert werden, verändern sie sich vielleicht, weil Sie sie schätzen und achten. Aber verlassen können Sie sich nicht darauf.

Es gibt noch ein paar andere Dinge, die Sie tun können, um Ihren Einfluss zu verstärken. Beispielsweise gibt es tausende und abertausende von Menschen, die sich ihren Lebensunterhalt, teilweise einen stattlichen Lebensunterhalt, damit verdienen, dass sie ihre Fachkenntnisse und ihr Wissen Leuten zugänglich machen, die sie brauchen. Diese Berater, wie sie heißen, könnten Sie sich als Vorbild für den Umgang mit Ihrer eigenen Klientel nehmen: mit dem Partner, mit Freunden, der Familie, Mitarbeitern und so fort. Allerdings hat das Beratungsgeschäft einige Regeln, die Sie kennen müssen, denn wenn Sie sie nicht beachten, setzen Sie den Einfluss aufs Spiel, den Sie haben könnten.

REGEL NUMMER EINS: Lassen Sie sich einen Auftrag geben. Das soll nicht heißen, dass Sie sich bezahlen lassen, sondern nur, dass Sie sich emotional oder psychologisch von der Person oder den Personen beauftragen lassen, die Sie beeinflussen möchten. Berater werben für sich, bemühen sich nach Kräften um Aufträge, versuchen, ihre Dienstleistungen gut zu »verkaufen« – das können Sie auch. Unternehmen Sie jede nur denkbare Anstrengung, um Ihre »Klienten« dazu zu bekommen, nach Ihren Diensten zu verlangen. Aber begehen Sie nie und unter keinen Umständen den Fehler, Ihre Informationen und Ihr Wissen dem Klienten aufzudrängen, bevor er sagt: *Also bitte, sag mir, was du weißt* oder irgendeine ähnliche »Du-hast-den-Auftrag«-Botschaft sendet.

REGEL NUMMER ZWEI: Sie müssen Informationen und Daten besitzen, über die Ihr Klient nicht verfügt. Unter Beratern kursiert ein Witz über diese Regel: Ein Unternehmen hat Probleme mit einer seiner Maschinen und beauftragt einen externen Fachmann, sich die Maschine anzusehen und zu reparieren. Der Berater untersucht die Maschine, nimmt einen Hammer aus seinem Werkzeugkasten und versetzt der Maschine einen kräftigen Schlag damit. Daraufhin läuft die Maschine, als wäre nie etwas gewesen. Der Berater stellt dem Direktor eine Rechnung über 10 010 Dollar aus. Erstaunt fragt der Direktor: »Was zum Teufel soll das? Jeder hätte seinen Hammer nehmen und auf die beschissene Maschine schlagen können.« Worauf der Berater entgegnet: »Völlig richtig. Dafür sind die zehn Dollar. Die zehntausend sind für das Wissen, wo man schlagen muss.«

Es ist notwendig, dass Sie wissen, wohin zu schlagen ist. Wüsste Ihr Klient das bereits, brauchte er Sie nicht.

REGEL NUMMER DREI: Teilen Sie Ihr Wissen nur einmal mit. Möchten Sie erneut als Berater tätig werden, lassen Sie sich erst wieder einen Auftrag geben. Viele wohlmeinende Eltern, Lehrer, Chefs, Freunde, Ehepartner setzen ihre Beratungstätigkeit endlos fort, obwohl ihre Klienten die Botschaft schon längst vernommen haben. Sie werden als Berater entlassen, weil ihre Tätigkeit als Belästigung empfunden wird. Ehemänner und Ehefrauen werden entlassen. Lehrer werden entlassen. Chefs werden entlassen. Und so fort.

REGEL NUMMER VIER: Überlassen Sie es Ihrem Klienten, Ihre Vorschläge zu befolgen oder nicht. Was Ihr Klient mit den Informationen und Daten anfängt, die Sie ihm mitteilen, ist seine Sache. Solange Sie keinen neuen Auftrag haben, ruht Ihre Beratertätigkeit.

Beratern kann es nur um Einfluss gehen. Macht haben sie keine. Definitionsgemäß verlassen Sie sich auf ihr Wissen, »wo man hinschlagen muss«, um ihre Klienten zu beeinflussen. Die Werte und

Überzeugungen der Menschen sind nicht in Stein gemeißelt. Wer über Wissen und Fakten verfügt, wer Erfahrung und Verstand besitzt, wer kompetent zu handeln vermag, kann Werte und Überzeugungen verändern. Das sind Eigenschaften, die Einfluss ausüben.

Denken Sie an Ihr eigenes Leben. Wer waren die Menschen, die Sie am nachdrücklichsten beeinflusst haben? Was haben Sie getan oder nicht getan, gesagt oder nicht gesagt, dass Sie den Wunsch verspürten, von ihnen zu lernen oder zu werden wie sie? Ich könnte wetten, dass die Leute, die Sie beeinflusst haben, die oben genannten Eigenschaften besaßen.

Denken Sie jetzt an die Menschen, die versucht haben, Sie zu beeinflussen, und dabei gescheitert sind. Wer waren sie? Was haben sie getan oder nicht getan, gesagt oder nicht gesagt, dass Sie nicht den geringsten Wunsch verspürten, sich nach ihnen zu richten? Abermals könnte ich wetten, dass diese Leute nicht die Eigenschaften hatten, die maßgeblich für Einfluss sind.

Modellverhalten

Eines der wertvollsten Werkzeuge von Erziehern und Lehrern ist das Modellverhalten. Eines der wertlosesten, Vorträge zu halten. Wenn Sie die Wertvorstellungen des anderen wirklich beeinflussen wollen, halten Sie keine Vorträge, sondern leben Sie diese Werte vor. Wenn Sie Wert auf Pünktlichkeit legen, kommen Sie nicht zu spät. Wenn Sie Wert auf Fleiß legen, seien Sie fleißig. Wenn Sie Wert auf Demokratie legen, dann seien Sie demokratisch. Ein Wert, den Sie predigen, aber nicht praktizieren, wird sich rasch als die Floskel entlarven, die er ist. Ich erinnere mich noch deutlich an das verächtliche Lächeln auf dem Gesicht eines Halbwüchsigen in meiner Praxis, als er von seinen Eltern berichtete, die ihm Vorträge über die Gefahren von Drogen hielten, während sie sich ihre Abend-Martinis mixten.

Menschen übernehmen die Verhaltensweisen von Leuten, die sie bewundern und achten, nicht von Leuten, die sagen: *Handle so, wie ich es sage, nicht, wie ich handle.* Kinder beobachten ihre Eltern, Mitarbeiter beobachten ihre Vorgesetzten, Freunde ahmen das positive Verhalten der anderen nach, und im Lauf der Jahre gleichen sich die Wertvorstellungen von Ehepartnern in der Regel immer stärker an. Doch auch das schönste Modellverhalten ist keine Garantie dafür, dass andere Ihre Wertvorstellungen übernehmen. Werte verändern sich mit der Zeit. Vielleicht sollte man lieber sagen, dass Werte mit der Zeit eine andere Priorität bekommen. Vor 50 Jahren hatten die Menschen beispielsweise in den meisten Wirtschaftsbereichen die Absicht, bis zum Ruhestand in der einmal gewählten Firma zu bleiben. Loyalität erfreute sich bei Arbeitnehmern wie Arbeitgebern hoher Wertschätzung. Heute wechseln die Menschen ihre Beschäftigung fünf- bis sechsmal, und Unternehmen entlassen hunderte, ja tausende, von Arbeitnehmern, um höhere Gewinne zu erzielen. Flexibilität gilt mehr als Loyalität, und trotzdem geht die Welt nicht unter.

Heute müssen die Menschen ihre Werte überprüfen. Was für Werte sind das? Woher stammen sie? Werden sie noch einer rasch veränderlichen Welt gerecht? Neulich las ich einen Artikel über den häufigsten Grund für Entlassungen im mittleren Management US-amerikanischer Unternehmen. Die entlassenen Manager orientierten sich an einem Wertesystem, das Gehorsam und Unterordnung verlangt – »Entweder du machst, was ich will, oder du gehst« –, während sich die Unternehmen immer mehr von autokratischen zu demokratischen Systemen wandeln. Ein überholtes Wertesystem kann Ihre Selbstachtung, Ihre Beziehungen, Ihre Lebensqualität überhaupt beeinträchtigen. Sie müssen etwas verändern, und das verlangt im Regelfall Mut.

Wenn Sie im Wörterbuch die Bedeutung von Mut nachschlagen, finden Sie zwei völlig verschiedene Definitionen. Die erste hat mit Tapferkeit im Angesicht von Gefahr zu tun. Die zweite besagt, dass man unter allen Umständen das Rechte tut. Gelegentlich verlangt das Leben von uns Tapferkeit, aber fast immer, das Rechte zu tun. Manchmal fragt man sich: »Was ist nun das Rechte? Woher weiß ich, was richtig ist?« Die Antwort muss lauten, man weiß es nicht immer. Doch wenn Sie kein Soziopath sind, haben Sie ein Gewissen, eine ruhige, leise Stimme, die immer zu Ihnen spricht. Die Stimme, die vielleicht jetzt zu Ihnen sagt: »Was für

140

eine leise Stimme. Bist du verrückt?« *Genau die.* Diese Stimme. Achten Sie auf sie. Hören Sie ihr zu. Ihr Gewissen weiß, was recht ist.

Es gibt ein Gebet, das bei Wertproblemen helfen kann: *Gott, gib mir den Mut, die Dinge zu ändern, die ich ändern kann, die innere Ruhe, die Dinge zu akzeptieren, die ich nicht ändern kann, und die Weisheit, um den Unterschied zu erkennen.* Stellen Sie sich eine Welt vor, wo die Menschen dieses Gebet in die Tat umsetzen. Wie sähe sie aus? Ich denke, es wäre eine Welt, in der es sehr viel weniger Stress gäbe, sehr viel mehr Liebe, sehr viel weniger Energieverschwendung für unwichtige Dinge und sehr viel mehr Übereinstimmung in fast allen wichtigen Fragen. Kein schlechter Ort zum Leben, oder?

In einem früheren Buch habe ich geschrieben: »Woher kommt die Fähigkeit, jemanden auch dann noch zu lieben, wenn er sich entschieden hat, anders zu sein als ich? Manch einer mag anderer Meinung sein, doch ich bin der festen Überzeugung, dass die Menschen, wenn sie eine Gesellschaft errichten wollen, deren Beziehungen wahrhaft demokratisch sind, vor allem diese Fähigkeit lernen müssen. Sie wird nicht nur Freiheit für die anderen bringen, sondern auch für das Selbst. Oder, wie eine Frau am Ende eines unserer Seminare schrieb:

›*Akzeptanz befreit vom Urteilen, und wenn du vom Urteilen befreit bis, bist du freier, als du dir je vorstellen konntest.*‹«

141

Das Werte-Fenster

Zwei Aspekte sind zum Verhaltens-Fenster in der Abbildung unten hinzugekommen. Auf der linken Seite die drei Faktoren, die Einfluss darauf haben, wo die Linie zwischen akzeptablen und nicht akzeptablen Verhaltensweisen verläuft. Bei einigen Menschen liegt diese Linie von Natur aus niedrig. Das heißt, sie akzeptieren die meisten Leute und Verhaltensweisen, sind nicht leicht aus der Fassung zu bringen und kommen gut mit sich und anderen zurecht. Bei anderen verhält es sich genau umgekehrt. Sie finden Menschen und Ereignisse im Allgemeinen nicht akzeptabel. Sie regen sich leicht auf, haben, was sie »hohe Maßstäbe« nennen, und sind schwer zufrieden zu stellen. Ihre Linie verläuft hoch. Alle anderen ordnen sich irgendwo dazwischen ein.

Doch gleichgültig, wie niedrig die Linie eines Menschen verläuft, er wird nicht immer und nicht ständig Akzeptanz an den Tag legen. Ich nehme an, selbst Heilige haben ihre Grenzen. Und gleichgültig, wie hoch die Linie eines anderen Menschen liegt, er wird nicht immer und nicht ständig ohne Akzeptanz sein. Selbst Geizhälse kann man erweichen. Es geht einfach darum, dass die Akzeptanz-Linie beweglich ist und dass sich der Ich-besitze-Bereich unter dem Einfluss von drei Faktoren ausweitet oder zusammenzieht. Den ersten Faktor habe ich beschrieben. Das sind Sie: Wie Sie sich gerade fühlen, wie Ihr Leben verläuft, wie groß Ihre *Akzeptanzbereitschaft* ist.

Der zweite Faktor ist die andere Person als Projektionsfläche unserer Voreingenommenheit und Vorurteile. So entdecken wir unter Umständen, dass wir im Allgemeinen eher Menschen akzeptieren, die uns ähnlich sind, als solche, die sich von uns unterscheiden. Oder wir mögen dicke Menschen lieber als dünne, ruhige lieber als laute, kleine lieber als große und so fort. Aus was für Gründen auch immer, wir akzeptieren nicht alle Menschen gleichermaßen.

Der dritte Einflussfaktor auf die Linie ist die Umgebung. Zwei Leute, die während eines Films schwatzen, sind nicht akzeptabel, während niemand daran Anstoß nimmt, wenn sie es im Foyer des Kinos tun.

Wir wollen hier lediglich deutlich machen, dass niemand immer Akzeptanz oder niemals Akzeptanz zeigt. Wir verändern uns. Je nach Zeit, Situation, Ort verhalten wir uns unterschiedlich. Wir sind inkonsequent. Wie einer meiner Professoren immer sagte: »Wir sind beständig unbeständig.« Es hat keinen Sinn, Akzeptanz vorzuspielen, wenn Sie sie nicht empfinden, und genauso töricht ist es, Nichtakzeptanz vorzutäuschen, wenn Sie sich in Wirklichkeit nicht beeinträchtigt fühlen. Wir können uns allerdings bemühen, ständig ehrlich zu sein, was unsere Gefühle angeht. Damit kommen wir zu einer weiteren wertvollen Verwendung der Ich-Sprache, der Sprache der Selbstenthüllung. Wenn Sie sich selbst enthüllen, seien Sie ehrlich, täuschen Sie nichts vor. Beziehungen sind sehr viel leichter herzustellen und aufrechtzuerhalten, wenn sie auf Ihrem wahren Selbst aufbauen, nicht auf einem Selbst, von dem Sie meinen, Sie sollten es sein.

Eine zweite Ergänzung des Fensters findet sich im unteren Teil der Zeichnung und heißt Werte-Beratung. Sie enthält die vier Regeln effektiver Beratung.

Damit ist das Fenster komplett, umfasst alle Teile und zeigt das vollständige Modell.

Und hier ist es:

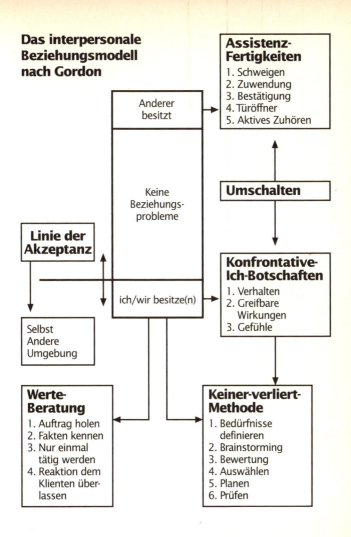

KAPITEL ELF

Gründe für Optimismus

In fortgeschrittenem Alter hat der Ingenieur Richard Buckminster Fuller einmal erzählt, er sei als junger Mann auf einen kleinen See hinausgerudert, um sich zu ertränken, weil er ein solcher Versager gewesen sei. Zum Glück für uns alle hat er sich anders besonnen und sich stattdessen vorgenommen, herauszufinden, »*was ein kleiner Mann tun kann, um die Welt zu einem besseren Ort für alle zu machen*«. Als ich Bucky damals von seinem Lebensüberdruss erzählen hörte und wie er sich in dieser Situation sein Lebensziel gesetzt hat, sah ich mich veranlasst, mein eigenes Lebensziel zu überdenken. Statt mich zu bemühen, die Lebensumstände in Familien, Schulen und Unternehmen zu verbessern, wollte ich fortan versuchen, die Welt dem Frieden ein Stück näher zu bringen. Als ich an diesem neuen Ziel zu arbeiten begann, wurde mir klar, dass Friede nicht einfach die Abwesenheit von Krieg ist, sondern aus friedlichen zwischenmenschlichen Beziehungen erwächst; daher begann ich, alle Beziehungen auf eine neue, umfassendere Art zu sehen. Nach dem Vorbild von Bucky Fuller beschloss ich, herauszufinden, was eine kleine Organisation, Gordon Training International, tun könne, um den Frieden auf unserem Globus ein bisschen heimischer zu machen.

Ich glaube, der Weltfriede ist eine Idee, deren Zeit jetzt gekommen ist. Seine Zeit ist das 21. Jahrhundert, und die interpersonale Technik, die ich in diesem Buch erläutert habe, gehört zu den vielen Mitteln, mit denen sich ein weltweiter Friede verwirklichen lässt. Ich bin stolz, dass mein Name mit den vielen tausend Menschen in aller Welt verbunden ist, die diese Technik hunderttausenden von anderen Menschen vermitteln. Ihre Bemühungen, zwischenmenschliche Beziehungen aller Art zu verbessern, tragen zur Verwirklichung von Demokratie an Orten bei, an denen man sie nie vermuten würde. Beispielsweise hat Maria Nadas 1994 in Ungarn die Gordon-Schule eröffnet, eine Grundschule, die das Ziel hatte, nicht nur die Fertigkeiten dieses Buchs zu vermitteln, sondern auch die demokratischen Prinzipien, die ihnen zugrunde liegen. In dieser Schule werden alle Lehrer und Eltern in der »Gordon-Methode« ausgebildet, wie sie sie nennen. Laut Maria sind die Kinder »*optimistisch, erfolgreich, selbstbewusst, offen für die Welt und tolerant gegenüber ihrer Umgebung*«. Vor vier Jahren weilten meine Frau Linda und ich als Gäste an dieser Schule und konnten uns mit eigenen Augen davon überzeugen, dass diese Kinder wirklich höchst ungewöhnlich sind. Frau Lajos Szilagyi vom regionalen Lehrerfortbildungsinstitut erklärte: »*Die Kinder sind erstaunlich gelassen und ernsthaft in ihrer Arbeit. Sie erwerben die Gordon-Methoden, ohne es zu merken.*« Mit anderen Worten, sie hören aktiv zu, verwenden die Ich-Sprache und legen Streitigkeiten mit der Keiner-verliert-Methode bei.

Lehrerausbildung

In Amerika haben Ken Miller und eine Gruppe begabter Leute, die er als Kursleiter ausgebildet hat, dieses Fertigkeitsrepertoire fast tausend Lehrern vermittelt. In der Praxis ist nicht immer unmittelbar ersichtlich, wie tief greifend die Leitung solcher pädagogischen Gruppen das eigene Leben verändert. Es gibt eine alte Redensart, die da lautet: »Wenn du etwas gründlich lernen willst, dann lehre es.« Unsere Kursleiter haben es gründlich gelernt und sind eine echte Friedensmacht.

Wirtschaft

1955 schrieb ich ein Buch mit dem Titel *Group-Centered Leadership*, das bereits viele der hier beschriebenen Ideen und Fertigkeiten erläuterte. Es hat sich nicht besonders gut verkauft, weil es nicht gerade als leichte Lektüre zu bezeichnen war, vor allem aber, weil die dort vorgestellten Ideen ihrer Zeit oder der Führungselite der Wirtschaft zu weit voraus waren; es sollte noch Jahre dauern, bis die Manager bereit waren, andere an ihren Entscheidungsprozessen zu beteiligen, wie ich es ihnen vorschlug. Doch die Japaner waren bereit. Da ihre Industrie nach dem Zweiten Weltkrieg in Trümmern lag, hatten sie gar keine andere Wahl, als von vorn anzufangen. So importierten sie die Ideen von W. Edwards Deming, Douglas McGregor, Frederick Herzberg und anderen, um mit ihrer Hilfe ein neues Industrieimperium aufzubauen, das in wenigen Jahren zur Produktivität der Vereinigten Staaten und jeder anderen Industrienation des Westens aufschloss. Ihr Geheimnis? Keine Spitzenlöhne. Keine Anreize. Keine Leistungsbewertung. Stattdessen verschiedene Formen der Partizipation. Sie flachten die Pyramide ab, führten gruppenzentrierte Entscheidungsprozesse ein und schafften es auf diese Weise beinahe, die USA als größte Wirtschaftsmacht der Welt zu verdrängen.

Nicht alle westlichen Unternehmen haben dieses amerikanisch inspirierte japanische Modell übernommen, doch viele haben sich dazu durchgerungen, und es sind Anzeichen erkennbar, die für die Zukunft hoffen lassen. So gibt es die Düsenjet-Fabrik von General Electric in Durham, North Carolina, die sich, wie in Kapitel vier geschildert, »selbst leitet«.

1999 war das zweite aufeinander folgende Jahr, in dem W. L. Gore von der Zeitschrift *Fortune* unter die 100 »Top Companies to Work for in America« gewählt wurde (also eines der 100 Unternehmen mit den besten Arbeitsbedingungen). Gore entschied sich, allen seinen Teilhabern (denn es gibt keine Angestellten), mehr als 6000 weltweit, die Kommunikations- und Problemlösungsfertigkeiten zu vermitteln, die sie brauchen, um Probleme zu lösen, ohne zu fruchtlosen Strategien greifen oder eine dritte Partei, ihren Auftraggeber oder Gruppenleiter, einschalten zu müssen. Das Programm, für welches sich das Unternehmen entschied, war unser Effektivitätstraining für Führungskräfte.

Scott Cawood, einer der betriebsinternen Effektivitätstrainer, meinte: »*Wir erwarten, dass jeder Teilhaber unabhängig denken und konfrontieren kann, um Keiner-verliert-Ergebnisse zu erzielen. Die Leute fördern die Glaubwürdigkeit des Unternehmens durch ihre guten Beziehungen untereinander und ihre Beiträge zum Gelingen des Ganzen.*«

Gore ist nur eines unter mehr als hundert Großunternehmen – von American Freightways über Hewlett Packard bis hin zu Meijer Inc. –, die unser Trainingsprogramm verwenden, um ein offenes, ehrliches und produktives Unternehmensklima zu schaffen. Kürzlich haben wir erfahren, dass Merck, ein Unternehmen, das eine auf seine Bedürfnisse zugeschnittene Version unserer Methoden – Communications Workshop genannt – schon seit längerem verwendet (in Europa und den Vereinigten Staaten), jetzt auch die erste Gruppe von Mitarbeitern in Russland trainiert hat.

Als Präsident Calvin Coolidge seine Auffassung von den Vereinigten Staaten in sechs Worten zusammenfasste, sagte er: »The Business of America is business« (Amerikas Geschäft ist das Geschäft), was durchaus wahr sein könnte. Doch vielleicht ist es nicht nur wahr, sondern könnte auch dazu beitragen, unsere gesamte Gesellschaft zu demokratisieren. Beispielsweise kommen Menschen in unsere Trainingskurse, die den Wunsch haben, ihre beruflichen Fähigkeiten zu verbessern, produktiver zu werden, was ihnen auch gelingt. Doch dann hören wir wieder und wieder, dass sich die auffälligsten und erfreulichsten Veränderungen in ihren Familien ereignet haben. Wenn die amerikanischen Unternehmen demokratischer werden, dann werden auch die Familien demokratischer. Die lange Erfahrung, auf die wir zurückblicken können, zeigt uns, dass Kinder, die in demokratischen Familien aufwachsen, als Erwachsene nicht nur intelligenter, kreativer und gesünder sind, sondern sich auch in allen ihren Beziehungen als demokratischer erweisen. Auf diese Weise werden die Einstellungen, Fertigkeiten und Prinzipien zwischenmenschlicher Demokratie an die nächste Generation weitergegeben.

Als immer mehr Unternehmen Projekte in die Wege leiteten, um die Mitarbeiterpartizipation zu fördern, ließen sie von Fachleuten prüfen, ob sich ihre neuen Managementsysteme auszahlten. John Simmons und William Mares untersuchten fünfzig solche Unternehmen in den USA und Europa und stellten ihre Ergebnisse in einem Buch mit dem Titel *Working Together* vor. Es folgen einige Resultate:

- Die Produktivität wuchs um zehn Prozent und mehr an, Zuwächse, die sich über mehrere Jahre fortsetzten. Zu Beginn der Programme nahm die Produktivität pro Mitarbeiter gelegentlich um hundert Prozent zu.
- Die Beschwerden gingen von 3000 pro Jahr auf 15 zurück und blieben auf diesem Niveau.
- Fehlzeiten und Fluktuationsrate wurden halbiert.

Simmons und Mares fahren fort: »*Einige Manager, die Vorreiter bei der Einführung der Partizipation waren, schätzen indessen die Vorteile für die Persön-*

lichkeitsentwicklung der Beteiligten noch höher ein. Der materielle Nutzen ist sekundär. Die Leute gewinnen eine positivere Einstellung zu sich selbst. Selbstachtung und Selbstvertrauen wachsen. Sie gehen gern zur Arbeit, führen ein selbstbestimmteres Leben und verlieren das Gefühl der Ohnmacht.«

Möglicherweise können die Führungskräfte der Wirtschaft sogar in den Schulen eine Wende zum Besseren herbeiführen. Einmal habe ich einen unserer Kursleiter in das Büro des Schulrats eines wohlhabenden Vorortschulbezirks begleitet, um das Projekt eines Lehrerfortbildungsprogramms zu erörtern. Als wir im Vorraum warteten, eilte ein gut gekleideter junger Mann an uns vorbei und trat, ohne zu zögern, beim Schulrat ein. Einige Minuten später öffnete dieser die Tür und bat uns einzutreten. Wie sich herausstellte, war der eilige junge Mann der Präsident des Schulbeirats. Als er uns die Hand gab, entschuldigte er sich dafür, dass er sich vorgedrängelt hatte. Er stehe unter Zeitdruck und habe mit dem »Boss« nur rasch ein Problem besprechen wollen, vor dem er in seinem Unternehmen stehe. Wie sich herausstellte, war er Personalchef einer nahe gelegenen Firma und hatte gerade die Einstellungsgespräche mit den Schulabgängern hinter sich, die im Sommer in seinem Unternehmen anfangen wollten. Den Schulrat hatte er aufgesucht, um sich zu beklagen. Die Schulen seien nicht in der Lage, die Schüler auf die Aufgaben vorzubereiten, die in einem Hightech-Unternehmen wie dem seinen verlangt würden. Anweisungen könnten die jungen Leute hervorragend befolgen, doch selbst die klügsten unter ihnen seien kaum in der Lage, adäquat zu kommunizieren, Probleme zu lösen, in Gruppen zu arbeiten und Konsens darin herzustellen. »Wir haben keine Lust, unsere Mitarbeiter noch einmal auf die Schulbank zu schicken, weil sie hier nichts gelernt haben«, beklagte er sich, »das ist Ihre Aufgabe.« Er wollte wissen, was der Schulrat zu tun gedenke.

Ich weiß nicht, was in diesem besonderen Schulbezirk geschah, doch wenn die Verantwortlichen in der Wirtschaft, die den Arbeitsplatz demokratisieren wollen, mit den Schulen zusammenarbeiten, sind die Aussichten sehr gut, dass die Erziehungspyramide abgeflacht, vielleicht sogar ganz abgetragen werden kann, mit dem Erfolg, dass die äußerlichen Kontrollen (Noten, Strafen, Belohnungen usw.), die die Erziehung so stark beeinträchtigen, nicht mehr erforderlich sind.

Wie schon erwähnt, werden die Schulen seit einem Vierteljahrhundert erheblich verbessert, doch trotz aller Forschungsergebnisse ist der Fokus zu eng, beschränkt er sich doch auf *Dinge* wie Lehrplanreformen und standardisierte Tests, statt sich um die Verbesserung der *Beziehungen* zu kümmern, denn nur auf diesem Wege lassen sich echte akademische und soziale Fortschritte erzielen.

Die Ausbreitung der Demokratie

In der Zeitspanne seit meinem ersten Kurs für siebzehn Eltern bis zur Jahrtausendwende haben sich einige bemerkenswerte Veränderungen vollzogen. Ich will nur eine wenige nennen:

Mehr als vier Millionen Menschen in 47 Ländern und 30 verschiedenen Sprachen haben das Buch *Die Familienkonferenz* gekauft und weltweit fanden unsere Trainingskurse bisher mehr als 1,5 Millionen Teilnehmer. Meine Tochter Michelle hat die *Familienkonferenz* soeben durchgesehen und aktualisiert, eine gute Nachricht für alle jungen Eltern, die wissen wollen, wie man verantwortungsbewusste, liebevolle, demokratische Kinder erzieht. Insgesamt sind mehr als sechs Millionen unserer Bücher verkauft worden. Wir haben Fachleute trainiert und autorisiert, die in 27 Ländern unsere Seminare durchführen und neue Kursleiter ausbilden. Erfreut habe ich zur Kenntnis genommen, dass weltweit mehr als 50 andere Eltern-Trainingsprogramme eingerichtet worden sind, an denen pro Jahr 50 000 Menschen teilnehmen. Einige dieser Programme haben sich inzwischen meiner Meinung angeschlossen, dass jede Form körperlicher oder seelischer Bestrafung völlig abgeschafft und durch demokratischere Mittel zur Bewältigung von Meinungsverschiedenheiten und Konflikten ersetzt werden muss. Beispielsweise wurde in einem bekannten Programm den Teilnehmern jahrelang Rudolph Dreikers' Konzept der »logischen Konsequenzen« als Methode zum Umgang mit nicht akzeptablem Verhalten vermittelt, bis die Kursleiter entdeckten, dass ihre Teilnehmer den Begriff logische Konsequenzen einfach als Euphemismus für Strafe verstanden. Heute empfehlen sie einen ähnlichen Brainstormingprozess, wie wir ihn in Schritt zwei unseres Konfliktlösungsprozesses anwenden, um hilfreiche, akzeptable Lösungen für problematische Verhaltensweisen zu entwickeln. Derartiges Umsteigen auf gewaltfreie Methoden finde ich sehr ermutigend.

Noch einmal sei betont: *Ich bin der aufrichtigen Überzeugung, dass es keinen Weltfrieden geben kann, ohne dass wir zuvor für friedliche zwischenmenschliche Beziehungen gesorgt haben.* Mit diesem Buch versuche ich, meinen Teil dazu beizutragen, dass die Menschen solche Beziehungen herstellen und aufrechterhalten können. In einem früheren Versuch wurden unter unserer Schirmherrschaft auf der ganzen Welt eintägige Kurse zur Konfliktlösung durchgeführt. Ich bat die Kursleiter unseres weltweiten Netzes diese von uns entworfenen und verschickten 8-Stunden-Kurse durchzuführen, und mehr als 500 erklärten sich dazu bereit. Alle Kurse begannen um 8.30 Uhr morgens. Der erste in Sydney, Australien. Eine Stunde später in 130 Orten in Japan. Vier Stunden später kam eine weitere Gruppe in Pakistan zusammen, und weitere zwei Stunden danach begann ein Kurs in Ungarn. Eine Stunde darauf fingen die Kurse in der Schweiz, Finnland, Frankreich, Deutschland, Schweden und Irland an. Dann ging es weiter über den Atlantik nach Island, die Bermudas, Montreal und in hunderte von Ortschaften in dreißig US-Staaten. Diese Welle von Kursen beendete ihre den ganzen Planeten umspannende Reise um 5.30 Uhr in Hawaii. Insgesamt: mehr als 500 verschiedene

Orte in 28 Ländern und mehr als 15 000 Menschen, die sich mit dem Konfliktlösungsprozess Keiner-verliert vertraut machten.

Ein Ableger des Konfliktlösungs-Tags war Youth For Peace (Jugend für den Frieden), ein Projekt junger Europäer, die jedes Jahr Sommerlager für Jugendliche und junge Erwachsene in den französischen Alpen veranstalten. Dort versucht man, dem Weltfrieden zu dienen, indem man die Beziehungsfertigkeiten lernt und praktiziert, die ich in diesem Buch dargelegt habe.

Unser Effektivitätstraining für Jugendliche wird an finnischen Schulen unterrichtet, ein Angebot, von dem im letzten Schuljahr 3500 Halbwüchsige Gebrauch machten. Das Jugendeffektivitätstraining ist dort so erfolgreich, dass es jetzt auch Rekruten im finnischen Heer als freiwillige Fortbildungsmaßnahme angeboten wird. Die Finnen haben eine Wehrpflichtzeit von zwei Jahren. Die erste Gruppe, die zum Training erschien, umfasste 500 Teilnehmer. Die Kursleiter hatten mit etwa 25 Interessenten gerechnet, am Ende trugen sich mehr als 300 für den Kurs ein.

1991 erhielt ich einen Brief von Dr. W. Sterling Edwards, in dem er über seine Erlebnisse mit schwer kranken Patienten berichtete. Er fragte, ob ich Lust hätte, mit ihm zusammen ein Buch zu schreiben, und zwar über die Erfahrungen, die er gemacht hatte, nachdem er seine Arbeit als Chirurg und Direktor des Fachbereichs Chirurgie an der Medizinischen Hochschule der University of New Mexico aus Altersgründen aufgegeben hatte. Im

Ruhestand hatte er sich einer neuen Aufgabe gestellt: Mit Hilfe unserer Kommunikations- und Problemlösungsfertigkeiten hatte er Männer und Frauen mit lebensbedrohenden Krankheiten beraten, nicht als Arzt, sondern als Freund. Er schrieb keine Rezepte aus, stellte keine Diagnosen, entwickelte keine Behandlungspläne, sondern gab ihnen nur Zuwendung.

Das Ergebnis war ein Buch mit dem Titel *Patientenkonferenz* und dem Untertitel *Ärzte und Kranke als Partner*. Vieles habe ich von Dr. Edwards gelernt, doch am eindrucksvollsten war sein Mitgefühl. Als ich ihn fragte, ob er in dieser Hinsicht eine Ausnahme unter seinen Fachkollegen sei, erwiderte er, keineswegs, den meisten Ärzten lägen ihre Patienten sehr am Herzen, sie wüssten nur manchmal nicht, wie sie es zeigen sollten. Das war der Grund, weshalb sich Dr. Edwards an mich wandte. Deshalb haben wir ein Buch geschrieben: Um Ärzten (und Angehörigen anderer medizinischer Berufe) Möglichkeiten zu zeigen, ihre Beziehungen zu verbessern und Fürsorge und Interesse zum Ausdruck zu bringen – ein Aspekt, der in ihrer Ausbildung kaum Berücksichtigung findet.

Vor kurzem haben wir ein 16-Stunden Programm für Schüler entwickelt, das wir Resolving Conflicts at School nennen (Konflikte in der Schule lösen). Die Jugendlichen lernen, was Konflikte sind und warum sie eskalieren, wie sie »ihre Sicht der Dinge« ohne Schuldzuweisungen zum Ausdruck bringen, wie man sich die »andere Sicht der Dinge« anhört und wie die Keiner-verliert-Konfliktlösung aussieht. Anschließend üben sie diese Fertigkeiten in realistischen Rollenspielen ein. Schließlich erfahren sie, wie man Konflikte schon im Ansatz verhindert.

Zusätzlich bieten wir ein Mediatorenprogramm für Schüler an, in dem sie die Fertigkeiten erwerben, die sie brauchen, um bei Streitigkeiten und Konflikten anderer vermitteln zu können.

Familien können bei uns ein Selbstlernprogramm auf Video erhalten, das Eltern, Kindern und anderen Familienmitgliedern dazu dienen soll, die Fertigkeiten zu erlernen und einzuüben, mit denen sich positive Beziehungen herstellen lassen. Es heißt Family Effectiveness Training (Familienkonferenz) und hat den Vorteil, so organisiert zu sein, dass es sich leicht in den randvollen Zeitplan moderner Familien einbauen lässt. Im Übrigen müssen Sie nicht unbedingt Kinder haben, um eine Familie zu sein. Daher eignet sich das FET-Programm auch ausgezeichnet für Paare, die sich eine engere und erfülltere Beziehung wünschen.

Schließen Sie sich uns an und leisten Sie Ihren Beitrag zum Weltfrieden, indem Sie Ihre Beziehungen demokratisieren! Das wird nicht nur Ihr Leben erfüllter machen, sondern auch das all der Menschen, mit denen Sie in Berührung kommen. Betrachten Sie zum Beispiel den folgenden Brief. Der Vertreter unserer Organisation in Korea erhielt ihn von Professor Lee Jang-Sup, der in seiner Eigenschaft als Vater durch Zufall, einen glücklichen Zufall, muss man wohl sagen, auf die in diesem Buch beschriebenen Beziehungsfertigkeiten stieß.

»Ich bin Physikprofessor an einer Universität in China und habe zwei Kinder, eine Tochter und einen Sohn. Heute ist mir klar, dass ich ein autoritärer Vater bin. Meine Kinder sollten Hervorragendes leisten, und ich versuchte, ihnen die beste Erziehung zugeben. Doch mein Sohn enttäuschte mich tief. Unser Verhältnis wurde immer schlechter. Am 24. Februar 1996 nahm mein Sohn eine Stellung in einer anderen Stadt an und ich hatte eigentlich vorgehabt, ihn zum Flughafen zu begleiten. Doch er war mit meiner Frau dorthin gefahren. Er war gegangen, ohne mir auf Wiedersehen zu sagen. Später erfuhr ich, dass er sich auf dem Flughafen mit meiner Frau gestritten hatte.

Am selben Tag musste ich nach Seoul. Das Herz war mir schwer, als ich in Seoul ankam. Zufällig begegnete ich Frau Professor Rose-Inza Kim an der Universität Sogang. Ich berichtete ihr, wie sehr mich die Beziehung zu meinem Sohn belastete, und sie schlug mir vor, an einem Eltern-Effektivitätskurs teilzunehmen. Ich folgte ihrem Rat und mein Leben veränderte sich. Nach dem ersten Kurs nahm ich noch an zwei weiteren Eltern-Effektivitätsgruppen teil. Mir wurde klar, dass alle Eltern neue Kommunikationsfertigkeiten für den Umgang mit ihren Kindern entwickeln müssen. Ich hatte alle nur denkbaren Kommunikationssperren verwendet – Befehlen, Fordern und Kritisieren. Hätte ich früher an einem Kurs für Eltern-Effektivität teilgenommen, wäre ich ein sehr viel besserer Vater, ein guter Vater geworden. Beispielsweise wäre ich anders mit unserer Berufstätigkeit umgegangen. Meine Frau und ich arbeiteten beide, als mein Sohn sechs Jahre alt war, daher mussten wir ihn jeden Tag in einer Kinderkrippe abliefern. Aber dort gefiel es ihm nicht. Wir zwangen ihn, in den Kindergarten zu gehen. Als er in die siebte oder achte Klasse ging, habe ich einmal gesagt: ›Was ist bloß los mit dir? Geh mir aus den Augen. Ich kann dich nicht ausstehen.‹ Danach lief er von zu Hause fort. Zwar kam er nach ein paar Tagen wieder, aber fortan begegnete er mir mit Feindseligkeit und Auflehnung. Er sagte: ›Warte nur, wenn ich groß bin, schlage ich dich, wie du mich geschlagen hast.‹ Ich war schockiert, überrascht und fühlte mich elend. Mein Sohn begann mit Gleichaltrigen zu rauchen und zu trinken. Ich verstand ihn nicht. So wurde ich immer unglücklicher. ›Ich weiß nicht, was ich tun soll‹, rief ich aus. ›Was zum Teufel ist nur los?‹

Das Eltern-Effektivitätstraining traf mich wie ein Schlag. Fortan verwendete ich im Alltag Ich-Botschaften und Aktives Zuhören. Auch im Umgang mit meiner Frau und unserem Sohn bediente ich mich dieser Kommunikationsmittel. Einmal sprach ich mit ihm am Telefon und sagte: ›Es tut mir Leid, dass ich früher so viel Zwang ausgeübt und mich überhaupt so unnachgiebig verhalten habe. Es war mein Fehler. Du musst dich lange Zeit sehr einsam gefühlt haben.‹

Zu meiner Überraschung brach mein Sohn bei diesen Worten in Tränen aus. Er weinte noch eine Zeit lang am Telefon und sagte dann: ›Noch nie im Leben bin ich so glücklich gewesen wie in diesem

Augenblick, Vater. Ich hätte mir nicht träumen lassen, dass das einmal passieren würde.‹

Heute teilen wir uns in der Familie unsere Gedanken und Gefühle rückhaltlos mit und helfen einander. Ich bin jetzt wirklich glücklich. Ich kann meinem Effektivitätstrainer gar nicht genug danken. Ich hoffe, dass ich das Eltern-Effektivitätstraining in China einführen kann. Damit würde für mich ein Traum in Erfüllung gehen.«

In China gibt es mehr als zwei Milliarden Menschen, die alle Nutznießer von Dr. Lees Traum werden könnten, das Effektivitätstraining in China einzuführen. Vielleicht verstehen Sie jetzt, warum ich so optimistisch bin, was die Entwicklung des Friedens in der Welt angeht. Ich bitte Sie nachdrücklich, in die Tat umzusetzen, was Sie auf diesen Seiten gelernt haben, um friedliche Beziehungen zu fördern und zu feiern ... und dadurch am Weltfrieden mitzuwirken.

KAPITEL ZWÖLF

Fragen und Antworten

Im Lauf der Jahre haben wir die meisten Fragen gehört und die meisten Probleme behandelt, mit denen sich Menschen auseinander setzen, wenn sie
die Konzepte und Fertigkeiten erproben, über die
Sie in diesem Buch gelesen haben. Einige, die relativ klar und einfach sind, möchten wir Ihnen mitteilen. Zum Beispiel:

F: Sie haben gesagt, Befehle und Anordnungen
sind Kommunikationssperren. Meinen Sie damit,
dass ich niemandem sagen darf, was er zu tun hat?
Das gehört doch wohl zu meinen Aufgaben als Manager.
A: Sie haben Recht. Ein Teil Ihrer Aufgabe ist es,
Menschen zu führen, ihnen zu sagen, was sie zu
tun haben. Als Manager gehört das zu Ihrer Arbeitsplatzbeschreibung, und die Leute, die Ihnen
unterstellt sind, erwarten das wohl auch von Ihnen. Befehle, Anordnungen und andere Kommunikationssperren werden nur dann zu Barrieren,
wenn die Menschen, mit denen Sie sprechen, aufgeregt oder ablehnend sind. Dann müssen Sie sich
zurücknehmen und sich ihre Probleme anhören
oder sie mit der Ich-Sprache konfrontieren, wenn
Sie ärgerlich sind.

162

Es folgt ein »typisches« Vorgesetzter-Untergebener-Szenario:

Vorgesetzter 1 Ich möchte, dass alle diese Akten heute Abend weggeheftet und in den Schrank eingeordnet sind. Noch Fragen?

Untergebene Das wird nicht gehen. Wir brauchen diese Akten, bis das Projekt fertig ist. Wenn wir sie in den Schrank einordnen, verzögert das die Sache.

Vorgesetzter 1 Ich habe gesagt, packen Sie sie weg. Ich entscheide, was die Sache verzögert und was nicht. Um fünf Uhr sind sie im Schrank.

Untergebene Sie sind der Chef. (*Leise*: Blödmann)

Gleiches Szenario, anderer Vorgesetzter:

Vorgesetzter 2 Ich möchte, dass alle diese Akten heute Abend weggeheftet und in den Schrank eingeordnet sind. Noch Fragen?

Untergebene Das wird nicht gehen. Wir brauchen diese Akten, bis das Projekt fertig ist. Wenn wir sie in den Schrank einordnen, verzögert das die Sache.

Vorgesetzter 2 Sie glauben, es verzögert das Projekt, wenn die Akten weggeräumt werden?

Untergebene Richtig. Es dauert eine halbe Stunde, sie wegzuräumen und morgen früh eine halbe Stunde oder mehr, sie wieder herauszusuchen und zu verteilen.

Vorgesetzter 2 Sie wollen sagen, das wäre Zeitverschwendung.

Untergebene Ja, Sie haben uns doch gesagt, wie knapp der Zeitplan ist. Wenn wir die Fristen einhalten wollen, können wir die Sachen nicht immer wegräumen, nur damit es hier ordentlich aussieht.

Vorgesetzter 2 Ich verstehe, was Sie meinen. Aber mir behagt es nicht, wenn die Akten hier draußen herumliegen, wo jeder sich an ihnen zu schaffen machen kann. Mir würde es besser gefallen, wenn sie in den Schränken verschlossen wären.

Untergebene Wie wäre es denn, wenn wir den ganzen Raum abschlössen?

Vorgesetzter 2 (Denkt einen Augenblick nach.) Ja, das haben wir zwar noch nie getan, aber ich denke, es wäre möglich ... dann brauchten wir die Akten nur an den Wochenenden fortzuräumen. Das würde gehen, oder?

Untergebene Klar.

Welcher Vorgesetzte wäre Ihnen lieber?

F: Ein Freund von mir spricht ununterbrochen, wenn sich die geringste Chance bietet. Ich habe ihm endlos zugehört, aber ich glaube, er ist ein Fass ohne Boden. Muss ich ihm nun immer weiter zuhören?

A: Eine der Bedingungen für erfolgreiches Zuhören besteht darin, dass der Zuhörer den Sprecher akzeptieren kann, wie er ist. Es hört sich so an, als hätte Sie das unaufhörliche Gerede Ihres Freundes früher nicht gestört, jetzt aber schon. Vielleicht war das aber auch nie der Fall. Egal, wie es sich verhält, es gehört in den »Ich besitze«-Bereich Ihres Verhaltensfensters. Sie müssen reden, nicht zuhören.

Wir schlagen vor, dass Sie sich die Zeit nehmen, eine Botschaft zu schreiben, die sie Ihrem Freund übermitteln können. Beschreiben Sie sein Verhalten vorwurfsfrei, die greifbaren Auswirkungen auf Sie und was es für Gefühle in Ihnen auslöst. Wenn der richtige Zeitpunkt gekommen ist, teilen Sie Ihrem Freund mit Hilfe dieser Botschaft mit, was in Ihnen vorgeht. Seien Sie anschließend bereit, sich seine Antwort anzuhören. Vielleicht sagt er einfach: »Oh, das tut mir Leid.« Möglicherweise reagiert er aber auch sehr viel defensiver. Sich das anzuhören, müssen Sie bereit sein.

F: Einige der Menschen, mit denen ich zusammenarbeite, sind ziemlich schwierig. Sie scheinen nicht mit der leisesten Kritik umgehen zu können. Ich muss höllisch aufpassen, was ich sage, damit sie nicht beleidigt sind oder aus der Haut fahren. Wie geht man mit defensiven Menschen um?

A: Prinzipiell ist die Art von Empfindlichkeit, die Sie beschreiben, ein Bewältigungsmechanismus. Es ist die Art, wie manche Menschen mit Negativität und Niederlagen umgehen, eine Strategie, die häufig in der frühen Kindheit gelernt wird. Wir schlagen vor, dass Sie einen geeigneten Zeitpunkt abwarten, um sich mit Ihren Kollegen zusammenzusetzen und mit ihnen zu besprechen, wie sie besser zusammenarbeiten können. Mit anderen Worten, sehen Sie es als eine Möglichkeit, durch die Verwendung des Keiner-verliert-Problemlösungsprozesses bessere Arbeitsbedingungen herzustellen. Dazu sind vielleicht viele Sitzungen und häufiges urteilsfreies Zuhören erforderlich. Aber es hat ja auch keine Eile. Nehmen Sie sich für jedes Treffen einen Schritt des Prozesses vor, sodass sich im Lauf der Zeit Vertrauen entwickelt, ein sicherer Kontext entsteht und sich für Ihre Kollegen die Möglichkeit eröffnet, sich weniger defensiv zu verhalten und in höherem Maße neuen Erfahrungen zu stellen.

F: Was ist Ihrer Meinung nach die schwierigste Beziehung?

A: Die Beziehung, die unsere Geduld auf die härteste Probe stellt, unsere ganze Aufmerksamkeit fordert, Mut und Hartnäckigkeit von uns verlangt, ist die Eltern-Kind-Beziehung. Es ist die einzige, die mit absoluter Abhängigkeit beginnt und mit Unabhängigkeit endet. Schon oft habe ich gesagt: »Die besten Eltern sind diejenigen, die so schnell wie möglich überflüssig für die erfolgreiche Lebensbewältigung ihres Kindes werden.« Dieses »Aufziehen« eines Menschen zum Erwachsenen macht die Beziehung so ganz anders als alle anderen.

Für diese schwierige Aufgabe werden keine Qualifikationen verlangt und noch vor kurzem gab es auch keine formelle Vorbereitung für die Tätigkeit. Doch in dem vorliegenden Buch finden Sie die wichtigsten Informationen, die Ihnen helfen können, Fehler in der Eltern-Kind-Beziehung zu vermeiden. Dann kann sich die Elternrolle aus einer schwierigen Aufgabe in eine Freude verwandeln und eine bessere Verwendung für unsere Grundsätze und Fertigkeiten gibt es nicht.

F: Mein achtjähriger Sohn wünscht sich ein Fahrrad zum Geburtstag. Wir leben in einem dicht besiedelten, sehr verkehrsreichen Viertel, und ich habe Angst, dass er verletzt oder getötet werden könnte, wenn er ein Fahrrad hat. Was soll ich tun?

A: Klären Sie die Besitzfrage. Wer besitzt das Problem? Ihr Sohn besitzt den Wunsch nach einem Fahrrad. Sie besitzen die Angst und die Sorge um sein Wohlergehen. Ein Fahrrad ist die Erfüllung eines Bedürfnisses. Um was für ein Bedürfnis handelt es sich? Spaß, Freizeit, Mobilität, Zugehörigkeit, Anschluss an eine Gruppe anderer Fahrradbesitzer? Bringen Sie ihn dazu, über das Fahrradfahren zu sprechen, was er sich vom Besitz eines Fahrrads erträumt. Lassen Sie ihn seine Gedanken und Gefühle über die Vorteile des Fahrradfahrens beschreiben. Hören Sie ihm zu. Liefern Sie ihm ein Feedback, dass Sie seine Botschaften verstehen. Wenn Sie sicher sind, dass Sie ihm Ihr Verständnis zu Bewusstsein gebracht haben, äußern Sie Ihre Gedanken und Gefühle in einer Ich-Botschaft. Verwenden Sie den Keiner-verliert-Prozess, um zu einer Lösung zu gelangen, bei der beide gewinnen. Folgen Sie dem Schritt-für-Schritt-Prozess, wie er in Kapitel neun skizziert worden ist.

F: Ich unterrichte in der Sekundarstufe I und habe festgestellt, dass Schüler sich nicht an Vereinbarungen halten. Zu Beginn des Halbjahrs habe ich ein paar wichtige Regeln bekannt gegeben, beispielsweise, dass niemand andere daran hindern darf zu lernen oder dass man andere ausreden lässt. Ich habe sie der Klasse vorgelesen und gefragt, ob jemand Fragen oder Vorschläge habe, und die Schüler haben geantwortet, nein, die Regeln seien in Ordnung. Nach einer Woche hatten sie alle gebrochen. Ich habe es satt, ständig den Polizisten zu spielen und sie immer wieder zur Ordnung zu rufen. Was kann ich tun, damit sich meine Schüler an die Regeln halten?

A: Es gibt eine Strategie, das so genannte Partizipationsprinzip, das Sie anwenden können. Dem Prinzip liegt die Erkenntnis zugrunde, dass Menschen viel eher bereit sind, Entscheidungen umzusetzen, an denen sie beteiligt sind. Ich schlage vor, dass Sie Ihre Schüler an der Formulierung und Übernahme der Klassenregeln beteiligen. Auf diese Weise werden sie zu »unseren« Regeln, nicht den »Ihren«, und die Schüler zeigen Interesse daran, dass sie eingehalten werden.

Eine Grundschullehrerin berichtete uns, dass sich schon sehr kleine Kinder für Klassenregeln verantwortlich fühlen, wenn sie an ihrer Festsetzung beteiligt werden. Nachdem die Klasse über die Regeln entschieden hatte, die sie brauchte, druckte die Lehrerin jede auf 20 x 25 Zentimeter große Papptafeln und reihte sie vorn an der Wand auf. Ihr fiel auf, dass hin und wieder ein kleines Mädchen nach vorn kam und eine der Regeln berührte. Als die Lehrerin sie danach fragte, sagte das kleine Mädchen: »Wenn ich kurz davor bin, eine Regel zu brechen, berühre ich sie, und dann breche ich sie nicht.«

Kein Zweifel, Sechs- oder Siebenjährige sind sehr gut in der Lage, sich Regeln einzuprägen und selbstbestimmt zu handeln. Vielleicht sollten sich ältere Schüler daran ein Beispiel nehmen ... und wir Erwachsenen auch.

F: Mit meinen Highschool-Schülern würde ich gern ein Treffen zur Regelsetzung durchführen, aber manchmal habe ich das Gefühl, ihnen wäre es am liebsten, wenn es überhaupt keine Regeln gäbe. Ich befürchte, sie schlagen so idiotische Regeln vor wie keine Klassenarbeiten mehr und jeder hat das Recht, den Unterricht zu verlassen, wann er Lust hat. Ich würde dann einfach überstimmt. Eine Katastrophe!

A: Nun ja, wenn über die Regeln abgestimmt wird, kann das passieren. Aber Ihre Ängste erübrigen sich, wenn Sie sich an den Keiner-verliert-Prozess halten. Gehen Sie zurück zu Kapitel neun und lesen Sie sich noch einmal Schritt vier durch, den Entscheidungsschritt, der mit den Worten beginnt: *Entscheiden. Nicht abstimmen!*

Sie müssen Ihren Schülern die Keiner-verliert-Methode vermitteln. Nach unserer Überzeugung müsste das ein vorrangiges Ziel in jedem Klassenzimmer der Welt sein. Wir kennen keine bessere Methode, um die Bewältigungsmechanismen und Machtkämpfe zu beenden, die unendlich viel Unterrichtszeit kosten und die Beteiligten an den Rand der Erschöpfung bringen. Lehrer wie Schüler müssen wissen, dass sie in ihren Klassenzimmern nicht verlieren können.

F: Wie lange braucht man, um die Fertigkeiten des Zuhörens und der Ich-Sprache zu lernen? Kann man die Zeit abkürzen?

A: Wir verwenden die berühmte Keine-Antwort-Antwort: Das kommt darauf an. Es geht darum, Gewohnheiten aufzugeben, sich auf die Zunge zu beißen, innezuhalten und von vorn zu beginnen, wenn Sie sich bei alten Verhaltensmustern ertappen. Wir kennen keine Möglichkeit, diesen Prozess zu beschleunigen, abgesehen davon vielleicht, dass Sie sich klar machen, welche Absichten Sie in Ihrem Leben verfolgen.

Wenn Sie wissen, was Sie beabsichtigen, bringt Sie das nach unserer Überzeugung auf den richtigen Weg. Haben Sie die ehrliche Absicht, zu verstehen, was die Menschen sagen, sind Sie möglicherweise in der Lage, über die einfache Anwendung von Techniken hinauszugehen. Wenn Sie die Absicht haben, Verantwortung für Ihre Gedanken und Gefühle zu übernehmen, werden Sie sie in der Ich-Sprache ausdrücken.

Menschen, die eine Sache beherrschen, üben viel. Beispielsweise führen Golfer und Tennisspieler zwischen ihren Turnieren hunderte von Übungsschlägen aus und Pianisten üben manchmal stundenlang Tonleitern. Auch Sie können üben. Es herrscht kein Mangel an Unstimmigkeiten, denen Sie zuhören können, und an Gelegenheiten, nicht akzeptable Verhaltensweisen zu konfrontieren. Versuchen Sie es und seien Sie nicht zu streng mit sich. Sogar große Golfer verschlagen hin und wieder einen Ball.

Wenn wir etwas Neues lernen, durchlaufen wir einen Prozess, der in etwa folgendermaßen aussieht.

```
                              Stadium 4  ┌──────────────────────────┐
                   Stadium 3  ┌──────────┤                          │
        Stadium 2  ┌──────────┤          │                          │
Stadium 1  ┌───────┤          │          │                          │
           │       │          │          │                          │
           └───────┴──────────┴──────────┴──────────────────────────┘
```

Pädagogen sprechen von der Lernkurve. (Es gibt auch eine Vergessenskurve, aber die habe ich vergessen.) Wenn es in dem Lernprozess um Kommunikations- und Problemlösungsfertigkeiten geht, scheint er vier Stadien oder Schritte aufzuweisen. Die meisten Menschen beginnen in Stadium eins, das wir *unbewusste Inkompetenz* nennen. Auf dieser Ebene ist der Mensch kein guter Zuhörer, verwendet Kommunikationssperren, sendet Du-Botschaften und versucht Konflikte durch Streitereien, Kämpfe und Machtspiele zu lösen. Er weiß noch nicht, dass es einen anderen, viel besseren Weg gibt. Er ist unbewusst inkompetent.

Doch wenn er dann erfährt, welche interpersonalen Fertigkeiten es gibt, gelangt er auf die zweite Ebene, die der *bewussten Inkompetenz*. Er weiß jetzt, dass es die Möglichkeit des Aktiven Zuhörens und der Ich-Sprache gibt. Er kennt die sechs Schritte des Problem- und Konfliktlösungsprozesses und kann, wenn man ihn danach fragt, verschiedene Kommunikationssperren aufzählen. Leider ist er noch nicht geübt im Umgang mit den Fertigkeiten. Sein Aktives Zuhören ist mechanisch, seine Konfrontationen sind häufig eine Mischung aus Du- und Ich-Botschaften, und diese Unzulänglichkeiten machen seine Versuche, Probleme zu lösen und Konflikte beizulegen, schwierig oder sogar vergeblich. In diesem Stadium kommen sich viele so unbeholfen und unfähig vor, dass sie aufgeben und fortfahren mit dem, was sie schon immer getan haben. Was sie schon immer getan haben, ist unter Umständen unwirksam, hat aber den Vorteil, vertraut und bequem zu sein. Und viele Menschen lieben ihre Bequemlichkeit.

Andere dagegen sind bereit, die Unbequemlichkeit auf sich zu nehmen und auf Ebene drei zu gelangen, *bewusste Kompetenz*. Sie müssen sich zwar noch genau überlegen, was sie tun, können jetzt aber aktiv zuhören, sich in einer klaren Ich-Sprache äußern und die Keiner-verliert-Methode anwenden. Allerdings kommt ihnen das Ganze noch ein bisschen künstlich vor, ihre »Fertigkeiten« sind Techniken, und sie wissen es.

Ein junger Mann, der sich in dem Stadium zwischen bewusster Inkompetenz und bewusster Kompetenz befand, schickte uns die folgende E-Mail über seine Bemühungen.

Was mir besonders schwer fällt, ist diese Sache, die Sie Aktives Zuhören nennen. Man hört einfach zu und wiederholt das, von dem man glaubt, dass der andere es mitteilen wollte. In diesem Stadium kommt es mir noch ziemlich mechanisch vor, als wäre ich ein

Papagei, der einfach wiederholt, was er hört. Doch je häufiger ich es tue, desto weniger mechanisch erscheint es mir, desto natürlicher wird es. Zunächst musste ich den Impuls unterdrücken, das »in Ordnung zu bringen«, womit der andere ein Problem hat. Doch dieser Wunsch bedeutet, dass ich dem anderen nur halb zuhöre, während er mir von seinem Problem berichtet, weil ich nach einer Lösung suche. Über dieses Stadium bin ich inzwischen hinaus, jetzt höre ich wirklich nur noch zu. Doch nun bin ich so damit beschäftigt, das, was er mir erzählt, zu paraphrasieren, dass ich beim Zuhören den Kopf immer noch nicht frei habe. Doch mit jedem Mal wird es besser.

Hören Sie die Verwirrung und das Unbehagen aus dieser Botschaft heraus? Der junge Mann schlägt sich mit seinem schlimmsten Feind herum: seinen konditionierten Reaktionen. Doch er ist sich dessen durchaus bewusst und gibt nicht auf. Zweifellos wird er bald die nächste und endgültige Ebene erreichen: die der *unbewussten Kompetenz*, auf der die Fertigkeiten verschwinden. Damit meinen wir, dass unbewusst kompetente Menschen sich einfach auf die Probleme anderer einstellen und, ohne darüber nachzudenken, ihre eigenen inneren Zustände oder Bedingungen in Ich-Sprache mitteilen. Treten Konflikte auf, vergegenwärtigen unbewusst kompetente Menschen sich die Situation augenblicklich unter dem Gesichtspunkt unbefriedigter Bedürfnisse und überlegen sich, wie sie jeden an der Bedürfnisbefriedigung beteiligen können.

Diese Menschen haben einfach ein neues Repertoire an konditionierten Reaktionen, die genauso automatisch sind wie ihre früheren. Der Unterschied liegt darin, dass ihre neuen Reaktionen die Beteiligten näher zusammenführen, Beziehungen knüpfen, Freundschaften entstehen lassen, Liebe und Frieden stiften.

F: Ich kann meine Tochter nicht dazu bringen, vernünftig zu essen. Sie hat zwei kleine Kinder, und ich befürchte, ihre Gesundheit wird darunter leiden, wenn sie sich weiterhin von Pommes und Süßigkeiten ernähren. Wie kann ich sie dazu bringen, auf mich zu hören?

A: Wahrscheinlich hat Ihre Tochter Ihnen zugehört. Sie hat lediglich Ihre Ratschläge nicht befolgt. In Situationen wie der Ihren gibt es drei Variablen, drei Faktoren, die Sie möglicherweise ändern können. 1. den anderen, 2. den Kontext und 3. sich selbst.

Andere Menschen zu verändern ist außerordentlich schwierig. Wenn Sie weiter versuchen wollen, Ihre Tochter zu ändern, sie weiterhin zu einer »gesünderen Ernährung« bewegen möchten, müssen Sie sich zunächst an die Regeln guter Beratung halten, die im letzten Kapitel aufgeführt wurden. Sie können mit einer Ich-Botschaft wie der folgenden beginnen: »Ich habe gerade ein faszinierendes ernährungswissenschaftliches Buch gelesen, davon würde ich dir gern ein bisschen was erzählen. Bist du interessiert?« Schalten Sie anschließend auf Zuhören um.

174

Wenn Ihre Tochter auch dann nicht bereit ist, ihr Verhalten zu ändern, haben Sie noch zwei weitere Variablen: Sie können den Kontext verändern. Halten Sie sich beispielsweise fern, wenn Ihre Tochter mit den Kindern isst. Oder, was wahrscheinlich noch besser ist, verändern Sie sich selbst. Erkennen Sie an, dass Ihre Tochter das Recht hat, die Ernährung zu wählen, die ihr gefällt, und beten Sie um die innere Ruhe, die Sie brauchen, um die Tochter zu akzeptieren, wie sie ist.

F: Finden Sie nicht, dass Kinder manchmal etwas Disziplin brauchen, zum Beispiel einen kleinen Klaps auf das Hinterteil, um ihnen zu zeigen, dass Sie es ernst meinen, wenn Sie etwas sagen?
A: Wir sind nicht der Meinung, dass ein kleiner Klaps auf den Po die Beziehung zu Ihrem Kind beschädigt. Kinder sind von einer natürlichen Liebe zu ihren Eltern beseelt und vergeben in der Regel einen gelegentlichen Verstoß gegen effektives Elternverhalten. Doch als Methode zum Lehren, Erziehen und Kontrollieren müssen Schlagen und andere Formen körperlicher Bestrafung zwangsläufig zu einer Beeinträchtigung Ihrer Beziehung führen.

Zu diesem Thema habe ich ein Buch geschrieben mit dem Titel *Die neue Familienkonferenz, Kinder erziehen ohne zu strafen.* Dort berichte ich über eine überwältigende Fülle von Daten aus hunderten von Forschungsberichten und Untersuchungen, die alle zeigen, dass Belohnungen und Strafen ihr erklärtes Ziel verfehlen, nämlich Verhalten zu kontrollieren, zu verändern und zu beeinflussen. Eines der besten Bücher zum Thema der Belohnungen ist *Punished by Rewards* (Durch Belohnungen bestraft) von Alfie Kohn aus dem Jahr 1993. Dort kann sich der interessierte Leser über mehr als 500 Forschungsarbeiten und Untersuchungen informieren. Es folgt ein kleiner Abschnitt aus seinem Buch, der zeigt, dass Belohnungen keinen Deut besser wirken als Strafen.

»... die meisten Menschen können sich an Dinge erinnern, die sie einfach deshalb getan haben, weil sie ihnen Spaß machten ... bis sie für diese Tätigkeit bezahlt wurden, woraufhin sie niemals wieder auf die Idee gekommen wären, sie umsonst auszuführen. Irgendwie verflüchtigte sich ihr intrinsisches Interesse, nachdem Belohnungen eingeführt worden sind.

Eine bekannte humoristische Geschichte kann uns dieses Phänomen so gut wie irgendeine Studie verdeutlichen. Sie handelt von einem älteren Mann, der jeden Tag von einer Horde Zehnjähriger gehänselt wurde, wenn sie auf dem Heimweg von der Schule an seinem Haus vorbeikamen.

Nachdem sich der Mann eines Nachmittags erneut ihr Geschrei angehört und zur Kenntnis genommen hatte, wie dumm, hässlich und kahlköpfig er sei, überlegte er sich einen Plan. Am nächsten Montag empfing er die Kinder auf dem Rasen in seinem Vorgarten und erklärte ihnen, jeder, der am nächsten Tag zurückkomme und ihn beschimpfe, erhalte einen Dollar. Verblüfft und aufgeregt tauchten sie am

Dienstag schon ganz früh auf und brüllten alle Schimpfwörter, die ihnen einfielen. Wie versprochen trat der alte Mann hinaus und gab ihnen die verein-barte Belohnung. ›Kommt morgen wieder‹, sagte er zu ihnen, ›und ihr bekommt fünfundzwanzig Cents für eure Mühe.‹ Die Jungen hielten das noch immer für ein gutes Geschäft und tauchten auch am Mitt-woch wieder auf, um ihn zu verhöhnen. Beim ersten Schimpfwort trat der alte Mann mit einer Rolle Vier-teldollarstücke vor die Tür und zahlte seine Quälgeis-ter aus. ›Von nun an‹, eröffnete er ihnen, ›kann ich euch nur noch einen Cent für eure Tätigkeit geben.‹ Die Kinder sahen sich ungläubig an. ›Einen Cent?‹, wiederholten Sie verächtlich. ›Vergessen Sie es!‹ Und Sie kamen nie wieder.«

Eine Kurzfassung dessen, was Kohn und ich in unseren Büchern darzulegen versuchen, könnte fol-gendermaßen lauten: Wir können andere durch Strafen dazu bringen, etwas zu tun, aber wir kön-nen sie nicht dazu bringen, Gefallen daran zu fin-den oder die Tätigkeit fortzusetzen, wenn wir nicht mehr da sind, um sie zu bestrafen. Wir können an-dere durch Belohnungen dazu bringen, etwas zu tun, aber wir können sie nicht durch Belohnungen dazu bringen, Gefallen daran zu finden oder die Tä-tigkeit fortzusetzen, wenn wir nicht mehr da sind, um sie zu belohnen.

Die Verwendung von Belohnung und Strafe ist ein Grundbestandteil des autoritären Systems, nicht der Demokratie. Wenn Sie demokratische Be-ziehungen haben möchten, müssen sie alle autori-tären Verhaltensweisen aufgeben (auch den Klaps auf den Po) und durch Prozesse ersetzen, die demokratische Beziehungen herstellen.

F: Was sind für Sie die wichtigsten Veränderungen, die wir in unserem Bildungssystem vornehmen können?

A: Zunächst einmal würde ich bei jedem Lehrer drei Eigenschaften ausbilden, die nach den Ergebnissen der Forscher David Aspy und Flora Roebuck Lernfähigkeit, IQ und Schulbesuch fördern. Die drei Eigenschaften sind Empathie, Kongruenz und eine bedingungslose positive Einstellung – Eigenschaften, die auch von entscheidender Bedeutung in zwischenmenschlichen Beziehungen sind.

Wir haben in diesem Buch Verhaltensweisen beschrieben, die operationale Definitionen dieser Faktoren liefern. Empathie wird beispielsweise durch urteilsfreies Aktives Zuhören geäußert. Kongruenz ist ein geometrischer Begriff, der besagt, dass Figuren, die aufeinander gelegt werden, sich in jeder Hinsicht decken. Hier verstehen wir unter Kongruenz, dass der andere das, was er sieht, auch bekommt. Ich-Sprache ist die Sprache der Kongruenz, weil sie dafür sorgt, dass sich die innere Erfahrung mit der äußeren deckt.

Aktives Zuhören, Ich-Sprache und die Keiner-verliert-Konfliktlösung bezeugen unsere bedingungslose positive Einstellung ... anderen und uns selbst gegenüber. Ohne diese Kommunikations- und Problemlösungsfertigkeiten bleiben Empathie, Kongruenz und positive Einstellung abstrakte Konzepte ohne praktischen Nutzen.

Lehrer, die diese Fertigkeiten anwenden, erzielen hervorragende Ergebnisse, nicht nur in Hinblick auf die Schulleistungen, sondern auch auf die Beziehungen, die eng und demokratisch werden. Da die Schüler keine Bewältigungsmechanismen brauchen, haben diese Lehrer großen Einfluss. Dank ihrem Einfluss wirkt sich ihr Modellverhalten nachhaltig auf das Leben ihrer Schüler aus.

Als Jugendlicher kannte ich einen Mann, der ziemlich alt war und als der klügste und belesenste Einwohner unserer Ortschaft galt. Eines Tages kam ich von der Schule heim, da saß er auf der Vorderveranda seines Hauses. Ich blieb stehen und fragte ihn, wie er zu seinem enzyklopädischen Wissen gekommen sei. Er sagte: »Na ja, als ich etwa so alt wie du war, hatte ich Glück. Ich hatte einige wundervolle Lehrer. Man könnte sie fast Alchimisten nennen. Mit unerschütterlichem Optimismus und viel Einsatz verwandelten sie einen Grundstoff wie mich, zwar nicht gerade in Gold, aber doch in etwas Wertvolleres. Sie überzeugten mich davon, dass ich alles könnte, was ich mir vornähme.« Er hielt inne, richtete die vom Alter etwas wässrig gewordenen blauen Augen eine Zeit lang auf den Horizont und fügte dann hinzu: »Seither habe ich viele Dinge getan, merkwürdige und wunderbare Menschen aller Art getroffen, alles gelesen, was ich in die Finger bekam, lange gelebt und allem meine Aufmerksamkeit geschenkt.«

Wir brauchen diese pädagogischen Alchimisten, die nie aufgeben, die unsere Kinder in den Schulen anleiten und inspirieren, sodass sie viele Dinge tun, merkwürdige und wunderbare Menschen kennen lernen, alles, was ihnen in die Finger fällt, lesen, lange leben und allem Aufmerksamkeit schenken können.

Also, welche andere Möglichkeiten haben wir, unsere Schulen zu verbessern? In der Theorie ist es relativ einfach, in der Praxis jedoch sehr schwierig: Verringern Sie die Größe ganzer Schulen, suchen Sie sich gute Lehrer, stellen Sie sie ein, bezahlen Sie sie gut und lassen Sie sie unbehelligt arbeiten. Schulleiter müssen sich als Ressourcen für Lehrer begreifen, nicht als Chefs – als Assistenten, die bei Zielsetzungen behilflich sind, zu Träumen ermutigen, zur Lösung von Problemen beitragen. So können sie zu Erziehern ganzer Gemeinwesen werden und dafür sorgen, dass sich Eltern und Kommunalpolitiker an der Zielsetzung und der Programmevaluierung beteiligen. Schließlich ist der erzieherische Prozess in der Schule eine zutiefst menschliche Aktivität. Die Bedürfnisse von Schülern, Lehrern und Eltern sind menschlich. Wenn unsere Schulen einen größeren Mangel aufweisen, ist es nicht Geld, obwohl mehr Geld sicherlich hilfreich wäre, sondern die Art und Weise, wie Menschen behandelt, wie Regeln aufgestellt werden und wie man mit nicht akzeptablen Verhaltensweisen umgeht.

Vielleicht hat es einmal eine Zeit gegeben, wo autoritäre Schulen ihren Nutzen hatten, weil sie junge Menschen auf die geistlose, sich unendlich wiederholende Fließbandarbeit vorbereitete, doch diese Zeit ist längst vorbei. Die Hightech-Gesellschaft von heute erwartet von den Schulen, dass sie jungen Menschen nicht nur technische Fertigkeiten vermittelt, sondern auch zwischenmenschliche Fähigkeiten. Mit anderen Worten, die Schulen von heute müssen demokratisch und nicht autoritär sein.

F: Ich fühle mich eingeengt, wenn ich ständig Kommunikationssperren vermeiden soll. Manchmal denke ich, es wäre angebracht, meine Erfahrung weiterzugeben. Ich bin Lehrer und werde für das Lehren bezahlt, wie kann Belehren also eine Kommunikationssperre sein? Dass Beschimpfen und Urteilen zu Problemen führen können, leuchtet mir ein, aber Fragen stellen? Wie kann das eine Kommunikationssperre sein?

A: Wann haben Sie zum ersten Mal bemerkt, dass Fragen nützliche Unterrichtstechniken sind? Merken Sie, wie mühelos ich Sie mit dieser Frage in die gewünschte Richtung gelenkt habe? Fragen sind nützliche Unterrichtswerkzeuge, aber nur im problemfreien Bereich Ihres Verhaltensfensters.

Kommunikationssperren sind nur Sperren, wenn sie es sind. Und sie behindern die Kommunikation nur, wenn jemand in der Beziehung ein Problem hat. Gibt es keine Probleme, sind Kommunikationssperren im Allgemeinen harmlos, das heißt, sie verursachen keine Unstimmigkeiten. Schauen Sie das folgende Verhaltensfenster an:

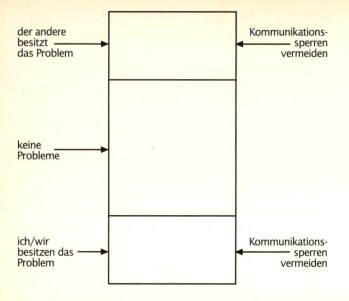

Der mittlere Abschnitt ist der problemfreie Bereich, dort macht es möglicherweise gar nichts, wenn Sie befehlen, scherzen, Ratschläge erteilen oder andere Kommunikationssperren verwenden; selbst Beschimpfen mag dort harmlos sein. In unseren Kursen für Lehrer nennen wir diesen Bereich den Lehr-Lern-Bereich, weil er der ideale Ort für diese Funktionen ist. Doch wenn Sie, der Lehrer, verstimmt sind, müssen Sie mit dem Unterrichten aufhören und das Problem konfrontieren. Wenn die Schüler aufgeregt sind, befinden sie sich nicht in der Stimmung zu lernen, dann müssen Sie mit dem Unterrichten aufhören und ihnen helfen, mit den Gedanken und Gefühlen umzugehen, die sie am Lernen hindern. In diesen Problembereichen blockieren die Kommunikationssperren die Kommunikation tatsächlich und verhindern das Lernen.

Es geht also darum, so oft und so lange wie möglich im problemfreien Bereich zu verweilen, damit Sie unterrichten, die Schüler lernen und sie alle sich an freien und unbelasteten Interaktionen erfreuen können.

Im Geschäftsleben wird die problemfreie Zone zum Bereich der produktiven Zeit, denn dann herrschen die Bedingungen, unter denen Mitarbeiter ihre höchste Produktivität entfalten können. Und in Ihren primären Beziehungen hat der problemfreie Bereich spielerischen Charakter und bietet Gelegenheit zum Dialog. Egal, wie man ihn nennt, die Erweiterung des problemfreien Bereichs schafft glückliche Menschen, und glückliche Menschen sind energiegeladen, produktiv und in der Lage, ihre besten Eigenschaften zu verwirklichen.

F: Meine Kinder sind zwei und vier, zwei kluge, liebevolle und eifrige kleine Kerlchen. Klar, dass ich das Beste für sie möchte. Was kann ich von ihnen erwarten, wenn ihre Mutter und ich Ihren Ratschlägen folgen? Wie werden sie sich entwickeln?

A: Ich weiß nicht, wie sie sich entwickeln werden. Doch nach Ihrer Beschreibung würde ich meinen, dass sie sich prächtig entwickeln, wenn sie klug, liebevoll und eifrig bleiben. Eines weiß ich indessen, tausende von Kindern haben sich »prächtig«

entwickelt, als ihre Eltern die in diesem Buch beschriebenen Fertigkeiten und Techniken anwendeten. Es folgen ein paar typische Ergebnisse:

Die Kinder
sind körperlich und seelisch gesünder,
durchlaufen die Pubertät
ohne die Stürme und den Stress,
die normalerweise mit dieser Zeit
verknüpft sind,
nehmen Rücksicht auf die
Bedürfnisse und Rechte anderer,
weil Erwachsene auf ihre Bedürfnisse und
Rechte Rücksicht genommen haben,
wachsen zu Erwachsenen heran,
die hohe moralische und ethische
Maßstäbe zugrunde legen,
verhalten sich diszipliniert und selbstbestimmt,
sind spontaner, selbstbewusster und
selbstständiger,
sind in der Schule erfolgreicher,
finden leichter Freunde,
sind sozial umgänglicher,
greifen im Umgang mit Eltern
und anderen Erwachsenen
nicht auf Bewältigungsmechanismen
wie Kampf, Flucht oder Unterwerfung
zurück.

Nach unserer Erfahrung, sind Kinder, die in demokratischen Familien aufwachsen, klüger, kreativer und fürsorglicher als Kinder, die gegängelt, kontrolliert, belohnt oder bestraft werden.

Sie sehen, die meisten Kinder kommen wie die Ihren auf die Welt – klug, liebevoll und eifrig. In Familien, in denen demokratische Beziehungen vorliegen, bleiben sie so.

Nachtrag

Oben haben wir gesagt, wir würden Ihnen die Antwort auf das Neun-Punkte-Rätsel nicht geben, aber wir haben unsere Meinung geändert.

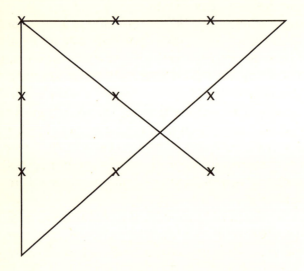

Nun, da Sie sich sozusagen außerhalb des Kastens befinden, gehen Sie zurück zum Beziehungsrad im Vorwort und schauen Sie sich die Beziehungen an, die Sie als problematisch eingestuft haben. Wie viele von ihnen glauben Sie jetzt in Ordnung bringen oder verbessern zu können? Auch wenn Ihnen klar ist, dass zu wissen, was man tun muss, etwas ganz anderes ist, als es zu tun. Es liegt an Ihnen, die Informationen zu nutzen, über die Sie jetzt verfügen. Wenn Sie das tun, wenn Sie in jeder einzelnen Beziehung, die Sie haben, Frieden stiften, verbessern Sie für jeden von uns die Lebensqualität.

... und zum Schluss, nur um Sie zu erinnern...

Das Beziehungs-Credo

Du und ich stehen in einer Beziehung zueinander, an der mir liegt und die ich beibehalten möchte. Trotzdem ist jeder von uns ein Einzelwesen mit eigenen Bedürfnissen und dem Recht, sie zu befriedigen.

Wenn du Probleme hast, werde ich mit aufrichtiger Akzeptanz zuhören, um dir zu helfen, eigene Lösungen zu finden. Dein Recht, dich für eigene Überzeugungen zu entscheiden, so verschieden sie auch von den meinen sein mögen, werde ich respektieren.

Wenn dein Verhalten meine Bedürfnisse beeinträchtigt, werde ich dir offen und ehrlich sagen, was mich stört, im Vertrauen darauf, dass du versuchen wirst, das Verhalten zu verändern, das ich nicht akzeptabel finde. Falls ich mich nicht akzeptabel verhalte, erwarte ich umgekehrt von dir, dass du mir offen und ehrlich sagst, was dich stört, sodass ich die Möglichkeit habe, mein Verhalten zu ändern.

Wenn wir Konflikte haben, wollen wir uns verpflichten, jeden von ihnen so zu lösen, dass keiner versucht, auf Kosten des anderen zu gewinnen. Ich achte dein Recht, deine Bedürfnisse zu befriedigen,

aber genauso muss ich Rücksicht auf meine eigenen Bedürfnisse nehmen. Lass uns also immer
nach Lösungen suchen, die für uns beide akzeptabel sind. Deine Bedürfnisse werden befriedigt werden und meine auch. Keiner wird verlieren. Beide
werden gewinnen.

So können wir eine gesunde Beziehung führen,
in der jeder von uns werden kann, was seinen Fähigkeiten entspricht. Und wir können unsere Beziehung in Frieden, gegenseitiger Achtung und Liebe
fortsetzen.

Literatur

Dunn, J., und Munn, P., »Development of justification in disputes with another sibling«, in: *Developmental Psychology*, 23 (1987), S. 791–798

Garland, A., und Zigler, E., »Adolescent suicide prevention«, in : *American Psychologist*, 48 (1993), S. 2

Gottman, J.M., *What predicts divorce?* Hillsdale, N.J., Erlbaum, 1984

Greven, P.E.T., *Spare the child: The religious roots of punishment and the psychological impact of physical abuse*, New York, Alfred A. Knopf, 1991

Markman, H.J., »Prediction of marital distress, A 5 year follow up«, in: *Journal of Consulting and Clinical Psychology*, 49 (1981), S. 760–762

Montemagur, R., »Parents and adolescents in conflict«, in: *Journal of Early Adolescence*, 3 (1983), S. 83–103

Pan, H.S., Neidig, P.H., und O'Leary, K.D., »Predicting mild an severe husband-to-wife physical agression«, in: *Journal of Consulting an Clinical Psychology*, 62 (1994),5, S. 975–981

Rickel, A., und Becker, E., *Keeping children from harm's way*, American Psychological Association, Washington, D.C., 1997

Tolan, P.E.T., und Guerra, N., *What works in reducing adolescent violence*, Center for he Study and Prevention of Violence, University of Colorado, Boulder, 1994

Vachinich, S., »Starting and stopping spontaneous family conflicts«, in: *Journal of Marriage and the family*, 49 (1987), S. 591–601

AKADEMIE für personzentrierte Psychologie GmbH

Dr. Karlpeter Breuer

... bietet zu diesem Buch exklusiv für Deutschland an:

Gordon-Training
zur
Beziehungskonferenz

Anfragen zu Kursen und zur Autorisierung zum/zur Kursleiter(in) durch Gordon-Deutschland / Gordon Training International über:

Akademie für personzentrierte Psychologie GmbH
D – 53129 Bonn • Bonner Talweg 149

Telefon   49 (0) 2 28 – 22 58 67
Fax   49 (0) 2 28 – 22 02 04
e – mail   Akademie.GmbH@t-online.de

www.gordon-Beziehungskonferenz.com

Merkst Du, wie Du Fortschritte Gemacht hast?

Erster Schritt:
Du hast dieses Buch gekauft.

Zweiter Schritt:
Du hast es gelesen.

Der nächste Schritt:
Du nimmst an einem original Gordon-Training teil und lernst dort diese Methode praktisch anwenden. Das bringt dir **erfolgreiche Beziehungen.**

Ausführliche Kurs-Informationen:

Österreich

Gordon-Training
Postfach 5
8041 Graz
www.gorden.at

Schweiz

Gordon-Training
Postfach
7002 Chur 2
www.gordontraining.ch

für die Schweiz und Österreich